Heinz Czechowski

Kein näheres Zeichen

Dezember '96

Heinz Czechowski

Kein näheres Zeichen

Gedichte

Mitteldeutscher Verlag
Halle · Leipzig

ISBN 3-354-00179-8

Inhalt

Das Vergangene fern

Hier und dort

Das Vergangene fern

Urnenfeld

Selbst Christus fuhr auf,
Wir wissen es noch,
Fast zweitausend Jahre danach.

Die aber,
Hier? –

Verascht,
Verbrannt,
Aufgelöst,
Was von ihnen blieb.

Die Enkel
Kramen im Pappkarton:
Abzeichen,
Orden,
Ehrenspangen –

Wie von Säure zersetzt
Jegliche Hoffnung
Auf einen Platz
Im Mausoleum.

Ich und die Folgen

Heute, an einem beliebigen Tag / Meines sechsundvierzigsten Jahres, / An einem Wintertag / Vor der verschlossenen Tür / Des alten Jüdischen Friedhofs / Stelle ich fest:

Ich
Bin verschont geblieben, aber
Ich bin gebrandmarkt:
Mein bärtiges Kindergesicht
Verleugnet die Weisheit
Der toten Geschlechter.

Auf das weiße Papier
Hab ich zu bannen versucht,
Was mich bewegte. Doch als Chronist
Hab ich versagt, denn nichts
Hab ich berichtet
Von der Ziegenmartha aus Boxdorf,
Die mit ihrem Wägelchen kam
Und der Warnung vor den Zigeunern
Im Garten des Wilden Mannes.

Frau Dickow, die Milchfrau, / Wurde bewundert: ihr Sohn / Hatte sich einen Namen gemacht / Am Staatstheater in Stuttgart. / Major Troitzsch kam ohne Füße / Aus Stalingrad wieder. / Doch im Viertel der kleinen Leute / Zwischen Marsdorfer Straße und Schützenhof / Schien die Zeit / Stehengeblieben zu sein. / Selbst dann noch, / Als die schwelende Stadt noch verzehrte, / Was von ihr übrig war.

Und wieder blühte der Ahorn,
Und ein Kammermusikus schleppte

Sein Cello zur Haltestelle, Herr Ponto,
Die Hände in den Taschen
Seines Paletots vergraben,
Erwiderte unsere Grüße
In bekannter Manier.

Das sind die Fakten, aber dahinter / Verbergen sich die Tragödien: / Seit jenem Mai / Hat es nie einen Frühling gegeben. / Unwesentlich, / Daß sich Frau Dr. S., / Aus Angst vergewaltigt zu werden, / Mit ihren zwei Töchtern / Vergiftete. Unwesentlich, / Daß Prälat Dr. Bulang / Fast Bischof von Meißen geworden wäre. / Und was ist schon überliefert von dem, / Was hinter den verschlossenen Toren / Der Hofburgen von Alt-Kaditz geschah, / Als der Knoblauchbauer mit einem Polenmädchen schlief / Und die Bäurin mit blanker Sense / Dazukam?

Über dem Schicksal der einzelnen
Wölbte die Glutglocke sich,
Und die vorher Gestorbenen,
Und die nachher Gestorbenen –
In den Grüften und Gräbern
Von Zschachwitz, Meuselwitz, Zschertnitz,
Von Zitschewig und Kötzschenbroda,
Von Klotzsche, Räcknitz und Wilschdorf
Halten die Stadt sie umzingelt.

Mit ihnen begreif ich den Satz,
Daß Neues niemals begann,
Doch ich bezweifle zugleich,
Ob er wahr ist, denn auch Wahrheit
Hat niemals begonnen.

Ich nehm mich zurück in die Jahre,
Als ich an Wahrheit noch glaubte,
Und sehe den Schatten eines riesigen Flügels

Über dem Ahorn vorm Hause der Mutter,
Die dem Tod meines Vaters
Nachlebt und sich sorgt
Um das Leben des Sohnes,
Der seine Kinder verließ
Und sein ihr unbegreifliches Leben
Lebt, mitunter lachend wie jener,
Der die furchtbare Nachricht
Nur noch nicht empfing.

Augustusweg

Zurückgekehrt
In die Landschaft der Kindheit,
Erinnre ich mich
An die Hakenkreuzfahne,
Die über dem Fiedlerhaus wehte.

Die Weinberghäuser,
Die Gründerzeitvillen –
Sie gehen den Weg
Aller Dinge.

Neben Verfall
Renovierte Barockfassaden,
Hinter schmiedeeisernen Toren
Und sich vornehm
Gebendem Taxus
Die Bungalows jener,
Für die der Sozialismus
Schon Wirklichkeit ist.

Ein Marmeladenfabrikant
Deutet die Zeichen der Zeit,
Uns das Frühstück versüßend –

Unbewegt und vergoldet
Steht seine Fahne,
Windstille anzeigend,
Während unten die Stadt,
Die im Feuer verging,
Alles schon einmal Gesagte
Bedenkt und vergißt.

Nachkrieg

Wir hatten einen Weihnachtsbaum,
Gestohlen aus der Dürren Heide.
Wir hatten keine Schuhe und kein Holz.
Wir hatten uns die Zehen angefroren,
Als wir versuchten,
Ein paar Kieferchen zu fällen.
Wir hatten ein Klavier,
Vier Stühle, einen Tisch.
Mein Vater hatte eine Frau,
Wir Kinder hatten eine Mutter.
Wir aßen eine Suppe aus Kartoffelschalen.
Ich weiß heut nicht mehr, wie sie schmeckte
Und woher die Kartoffeln kamen, deren Schalen
Wir in der Kaffeemühle mahlten.
Und woher kam die Kaffeemühle?
Wir hatten keinen Strom.
Was sahen wir und was mit welchem Licht?
Wir hatten einen Anfang.
Das war, als eines Tages
Der Schnee zu taun anfing
Und wir gemeinsam mit dem alten Lehrer
Das Eis vom Bürgersteig entfernten
Mit einem rostzerfressnen Spaten.
Ich weiß noch: gegenüber standen ein paar Leute
Und sahen uns ungläubig zu.

Das Vergangene fern

Abende mit
Erfolgreicher Abwesenheit
Jeglicher Arbeit:

Man sammelt die Dinge zufällig auf,
Redet mit Leuten,
Die man irgendwo trifft,
Sieht in die Kneipen
Am Rande des Wegs
Und teilt
Die Ängste der Hochhausbewohner.

Wir bestätigen uns: Weit
Haben wir es gebracht,
Die Ambassaden
Aller möglichen Länder
Lassen ihre Wappenschilder leuchten,
Und es gibt sogar
Noch ein paar Ecken,
Die an Vergessengeglaubtes
Erinnern.

Das Vergangene fern.
Kaum einer
Kennt noch
Den Vorzug des Lakonismus.

Überhaupt:
Es bleibt wenig zu tun,
Außer abzuwarten,
Wann uns die Erde,
Der wir offenbar
Lästig zu werden beginnen,

Abwerfen wird
Mit einer knappen
Bahnkorrektur.

Oder
Ob wir uns selber vernichten,
Durch Vergeßlichkeit,
Anmaßung,
Oder vielleicht
Nur aus Mangel an Demut,
Wie sie noch Klopstock empfand,
Als er die Mondsichel
Überm Zürcher See
Aufgehen sah.

Ab und zu

Ab und zu verlier ich die Übersicht und tauche in die schwarzen Wasser, die mich umgeben. Ich suche den Grund aller Gründe: meiner Kindheit Fallen, der Pubertät uneingestandene Leiden.

Daß die Rechnung nicht aufgeht, sehe ich ein. Jetzt müßte ich Einblick nehmen in meine Akte, die irgendwo schwelt in ihrem inneren Feuer, das sie verzehrt, das Papier der Papiere im gepanzerten Schrank.

Und doch ist es letzten Endes nichts als der Widerspruch, der in mir sitzt und der hinaus will ins Leben, das an der runden Ecke abprallt und eingesogen wird vom immerdar arbeitenden Apparat.

Schwarze Vögel. Schwarze Slips. Das schwarze Geheimnis, das mich umgibt und in das ich eintauche wie in die schwarzen Wasser um mich.

Blick ins Register

Blick ins Register
Und finde dich wieder:
Unterm Buchstaben C.

Gullivers Reisen,
Robinsons Insel,
Hiobs nimmer endende Klage:
Du
Findest alles.

Zur Einsicht ins Unwiederbringliche
Steht das Register bereit:
Du selbst
Bist schon vergangen,
Die Zukunft
Hat keinen Namen:
Schlag nach!

In der Stille der Bibliotheken
Flüstert Malthus mit Marx.

Geschichtsbild

Während ich aus der Ohnmacht erwachte,
Sah ich sehenden Auges
Unter Papiergirlanden in Augen,
Die mich ansahen vor einer Stuckdecke, jetzt,
In der Faschingszeit oder
Kurz nach Silvester. Schnell,
Dachte ich, will sich der Mensch,
Aus der Ohnmacht erwachend, machen
Ein Weltbild, und schnell
Schloß ich wieder die Augen,
Und mit geschlossenen Augen
Sah ich die fest geschlossenen Reihen,
Die mit ruhig-festem Schritt
Den Wilder-Mann-Berg emporzogen, vorbei
An der Trinkmilchhalle und
Durch mich hindurch,
Zwischen den Bäumen der Dürren Heide,
Über den Boxdorfer Berg,
Wo von der Wetterwarte in Wahnsdorf
Die Wetterballons aufsteigen
Über dem Haus, das Frau Hummitsch,
Die Schwester Herrn Hitlers, bewohnte, dort,
Wo Goebbels die extra vom Führer erbaute
Straße emporfuhr zum Haus an der Sonne,
Auf dem sich noch heute
Die Wetterfahne mit der Jahreszahl 1770 bewegt
Und wo ich erst neulich mit einem Engländer stand,
Der ausrief: Wie in der Toscana, während Tauben,
Ich glaube doch: Tauben
Über das Bennoschlößchen hinwegflogen,
Während ich ihm erklärte,
Wo die Villa Karl Mays steht. So also
Erwachte ich aus der Ohnmacht

Und sah vor Papiergirlanden
Und hinter mich ansehenden Augen
Mit ruhig-festem Schritt die SS-Kompanie,
Die den Wilder-Mann-Berg emporzog, geführt
Von einem Offizier auf einem braunen
Pferd, der, die Kompanie überblickend,
Sich in den Hüften
Drehte, die rechte,
Lederbehandschuhte Hand in die Taille gestemmt
Und das Zeissglas auf seiner Brust,
Wie in einem Text, der
In einem Buch steht, den ich vor Jahren geschrieben,
Und an den ich dachte, während ich
Unter Papiergirlanden aus diesem Halbtot erwachte,
Als vor mir
Eine SS-Kompanie den Wilder-Mann-Berg emporzog.

Frieden

Wie hießen die Hügel
Neben der Straße von Dohna nach Weesenstein?
Ich weiß es nicht mehr,
Nur die Ereignisse
Sind im Gedächtnis geblieben:
Die Trecks der schlesischen Bauern,
Die westwärts durchs Nadelöhr zogen,
Die weggeworfenen Karabiner,
Königstiger,
Hinter sich schwarze Fahnen,
Um Schörners Armee zu entsetzen,
Sowjetische Jabos,
Die sie verfolgten.
Was glänzt da im Walde im Sonnenschein,
Erfüllet die Seelen mit Grausen?
Das noch warme Brot
Verzehrt unterm Rollen der Kanonade
Und im Licht
Der Leuchtspurgeschosse.
Entgegengeschwenkt
Unsere weißen Tücher
Einer Vorausabteilung,
Die auf Fahrrädern kam.

Der genaue Text

Der genaue Text,
Dieses Abbild des Lebens:
Deckungsgleich und synchron,
Und doch
Vollkommener als das Leben
In seiner Nacktheit.

Dichter kommen und gehen,
Es bleiben die Wörter,
In denen die Lebenden stochern,
Im Schnee des Papiers,
Der Asche Vergessen.

Aus der Rauch steigt, Signal
Der Vergeblichkeit,
Wie die starrenden Äste,
Die von nichts anderem künden,
Als von sich selbst.

Negativ. Positiv.
Schwarz oder weiß.
Etwas Vergehendes mit der Zeit,
Ein Widerspiel
Gegen das Nichts.

Später Nachmittag

Für Gussy Hippold

An den Weinbergen meiner Kindheit entlang
Geh ich wieder im Monat September:
Schönheit, Verfall, dazwischen Gedanken
An das hier Geschehene, Namen über Namen.

Die Elbe unten, ein grauer Strom,
Wälzt sich durchs Tal. Schlösser und Villen,
Türme und Silos: die schöne Sonne
Scheint, als sei nichts gewesen.

Und käme nichts mehr. Nußbäume
Rauschen im Wind, das unentbehrliche Grün
Beginnt zu verbleichen, die Dinge
Werden zu Zeichen: sonngewohnt

Ist die Straße, auf der ich gehe.
O diese Bühne, auf der wir stehen,
Und hinter uns das Geflüster
Alter und neuer Propheten

Von Mund zu Mund: Die Kinder
Lernen und lernen, und lernen auch, zu vergessen.
Dann lernen sie leben oder das,
Was sie dafür halten. Dann leben sie hier

In der milderen Luft dieses Landstrichs
Zwischen dem atemspendenden Grün
Mit den wiedererstandenen Helden
Karl Mays, der seine Unsterblichkeit prophezeite.

Ein Engel hebt unangetastet
Seinen Arm über die sterblichen Reste

Des Ehrenhäuptlings vom Stamm der Apachen.
Und mit Kneifer, Gehrock, Zylinder

Pilgern die Herren des Sächsischen Lehrervereins
Zum Grab ihres großen Kollegen,
Während ein Zug an Serkowitz vorbei
Die Station »Weintraube« rasselnd durchfährt,

Und Gerhart Hauptmann zur Fähre eilt,
Um auf der anderen Seite des Stroms
Dem Abenteuer seiner Jugend
Mit einem Landmädchen einen Schlußpunkt zu setzen.

Daß er den Nußhäher schoß, hat er bereut.
Jahre später sah er von anderer Stelle ins Elbtal,
Sah, wie die Stadt, die er liebte, verbrannte,
Ein alter, kränklicher Mann, der sein Leben

Hinter sich hatte und vor sich
Noch ein Gespräch mit Johannes R. Becher.
Agnetendorf ist jetzt polnisch. Hier aber
Hat sich nur wenig verändert: der Weinbergsweg

Meiner Kindheit ist noch erkennbar, einen Essay
Von Kröner trage ich bei mir, der alle
Namen der Schlösser und Villen verzeichnet,
Die Schall und Rauch noch verschonte.

Niemand glaubt mehr an das Geheimnis
Des Bilzschen Naturheilverfahrens,
Die Leute stehen nach Pfirsichen an,
Denn die Erdbeer- und Spargelplantagen

Sind zersiedelt. Ein Bungalow grinst
Zwischen Schattenmorellen auf all die vergangene
Herrlichkeit. In schöngeschnittenen Räumen
Sortiert im Haus Sorgenfrei Gussy

Die Bilder, die sie von einer Tessinreise brachte. Ich
Fotografiere in ihrem Garten
Ihr schönes, weißhaargerahmtes Gesicht,
Und es blühen die Farben ihrer Pastelle

Noch einmal in den Herbstzeitlosen auf der Terrasse.
Wir trinken Kaffee, die alte Kaminuhr
Schickt ihre Schläge in den späten Nachmittag und wir
Schicken uns in die Dialektik des Schreckens,

Uns so im Gleichgewicht haltend.

Eliasfriedhof

1
So fand ich die Mauern: hier
Sammelt die Zeit
Ihr Vergessen, Efeu
Beklettert die Bäume,
Dendrologie,
Vereint
Auf ein paar
Quadratmetern Boden.

2
Heimat –
Was für ein Wort
Im Mund
Der Geschichtslosigkeit.

3
Entferne dich nicht
Zu weit
Von der immerwährenden
Gegenwart:

4
Hier
Ist dein Jetzt,
Blick
Durch die Gitter,
Verbirg
Dein Erschrecken.

Kindheit

Unauffällig
Hat sich die Zeit
Im Gebälk eingerichtet.
Die Fenster erblindeten,
Und die Möbel
Abgelebter Jahrzehnte
Verdunkeln im Schatten
Der Tanne vorm Haus.

O Mutter,
Deine Abwesenheit
Leerte die Zimmer.
Eine unendliche Pause
Hat jetzt das Leben.

Wer spricht
Von goldenen Zeiten?
Das Märchen
Wurde erzählt und verging.
Nichts ist geblieben,
Als der Erinnerung
Blasser Schatten.

Eine Kopie,
Kopiert und wiederkopiert,
Auf das Papier,
Das allmählich zerfällt.

Gedichte kommen oder kommen nicht

Gedichte kommen oder kommen nicht,
Die ungerufnen Worte stelln sich ein,
Wenn du sie nicht erwartest.
Geduldig hüllt sich das Papier
In Schweigen, und die Sprache spricht
Mitunter vor sich hin, als meinte sie
Nicht sich und mich. Vielleicht
War alles nur ein Traum: die Weihnachtsbäume,
Die überm Stromtal hingen, und die Stadt,
Die einmal noch erglänzte, und die Toten,
Die brennend durch die Straßen irrten, als die Kinder
Schon Waisen waren eh sie Waisen wurden?
Beim Judenhaus im Becken des Carolabades
Kochte das Wasser eh die Brücken
Zusammenbrachen, bis das Leben neu
Aus den Ruinen blühte: ein Mandelzweig
In Solferino oder in einem Hinterhof
Beim Pont des Arts ein Feigenbaum.
Das war einmal. Und einmal war das Schweigen.
Und dann, vielleicht, ein Satz, ein Vers, an seinem Ende
Ein Mythos vom gelebten Leben oder ein Dekret,
Begleitet von der Salve, die sich
An einer Mauer brach. Und dann, vielleicht,
Ein Überlebender, der sich
Die schmale Rue de la Roquette hinunterschleppte.
Ein Zeuge, wie wir alle zeugend,
Von dem, was möglich ist, solange wir
In einen Spiegel sehn, in dem wir uns begegnen:
Fremd, ohne Wurzeln, ein Gewächs,
Das seine Tage zählt und trinkt
Aus einer nie gesehnen Quelle, einem Strom,
Der fließt und fließt und dessen Fließen
In der durchwachten Nacht gehört wird. Doch Gedichte,

Geschrieben oder nicht,
Die ungerufnen Worte
Des unbeschriebenen Papiers –
Sind sie nicht alle
Nur eines Traums geträumtes Bild?

Erfolge

Auf Erfolge kommt es vielleicht nicht mehr an. Aber vielleicht hat auch mein Freund recht, der seine Wiese mäht und dabei an etwas denkt, das auch ich mir vorstellen kann. Ich jedenfalls glaube an Bulgakow und an seinen Satz: Daß der Mensch stirbt, ist gewiß, nur wann er stirbt, weiß man nicht. Andererseits muß man weiterleben und hin und wieder so tun, als ginge einen das alles nichts an, und endgültig auf Randglossen und Arabesken verzichten. Vor der Geschichte ist unser Tun nur ein Augenaufschlag. Große Männer hat es vielleicht nie gegeben, denn manche von ihnen sehen so aus, als wären sie nur geboren, um von der Statistik abgeheftet zu werden.

Wintertag

Für Christian Borchert

Der Schnee
Bezeugt seine Unschuld:
Als gefrorene Träne.

Die Szene war aufgebaut:
Eine Taxiarmada.

Über die Brücke
Flüchtete Semper,
Der Wiedereröffnung
Der Oper
Entgegen.

Proletarische Hinterhöfe
In Fick-Pieschen,
Aufgeschönt
Die letzten Gehöfte
Alt-Micktens.

Wir stolperten,
Als könnten wir uns entfliehn,
Über das Wurzelwerk
Der Geschichte,

Den roten Nudisten entgegen
Von Glasewalds Ruh
Und Sternheims Schloß Waldhof,
Das seine wahre Gestalt präsentierte:
Als Ruine.

Die ganze Welt ein Museum,
Konserviert

Wie das Gerippe
Der Eschebach-Villa.

Das Dorf erkannten wir wieder:
Die Tochter des Bauern,
Dem ich die Scheune vermaß,
Fütterte hinter geschlossenen Türen
Die Hühner.

Am Auto des Pfarrers
Klebte die Losung des Jahres:
Wer mit Christus fährt,
Fährt gut.

Die vernebelte Sonne
Probte für uns
Den nuklearen Winter.

Auf eingeebneten Flächen
Standen die Häuser
Wie Grabsteine.

Die Dächer bekräftigten
Unter dem Schnee
Ihre Gleichgültigkeit.

Wie wenig Hoffnung, rückwärtsgewandt

Wie wenig Hoffnung, rückwärtsgewandt,
Blüht dir entgegen: tritt
In den eigenen Schatten. Die Freunde,
Dem eigenen Lied auf die Kehle getreten,
Leben an dir vorbei, jeder
Starb seinen Tod schon. Nur du

Der Winter

Mein Vater starb unversöhnt. Ich
Wartete auf das wirkliche Leben.
Dann starb meine Mutter. Der Schnee
Hielt den Zug fest, endlich
Lief ich über das Eis, die Tür
Des Altenheimes war schon verschlossen, schließlich
Stand ich vor ihrem Bett. Wie lange
Hatte sie auf das wirkliche Leben gewartet?
Es kamen die Söhne. Und schweigend,
Wie sie gekommen, sind sie gegangen. Jetzt
Sind wir wir, und die Luft
Zwischen uns zittert. Unabweisbar
Werden wir älter, wir folgen,
Wie durch den Schnee,
Der Spur der Gestorbenen, dorthin,
Wo uns das wirkliche Leben erwartet.
Ich stelle mir vor,
Ich wäre dort, wo ich nicht bin,
Und weiß keine Antwort.

Hier und dort

Hier

Hier gibts Nachmittage, die
Schon nach drei ganz dunkel werden.
Regen sprüht. Im Asphalt glänzen,
Wie in alten trüben Spiegeln,
Kleine Neonmonde, Fische
Glitzern durch die nassen Straßen,
Die allmählich sich verbrauchen.
Da, vielleicht, begreift man, daß
Alles seine Stunde hat
Und daß vieles so viel Zeit braucht,
Daß kein Leben dafür reicht.
Dennoch sieht man dort, wo eine
Lange Straße ganz am Ende
In dem grauen Dunst verschwindet,
Schon das Ende jeden Endes,
Das wie eine Karawane
Immer weiter sich entfernt.
Doch beachtet man genauer
Jedes Wort und jede Geste
Wie die Müdigkeit der Steine,
Weiß man plötzlich, daß die Zeichen,
Die man sieht, viel mehr verschweigen,
Als sie meinen: War da einer,
Dem ein Satz gelang, ein Bild?
Waren da zwei Hände, die
Ein Stück Marmor formten, zu der
Ungemäßen Form, die einmal
Einer Wahrheit nahekam?
Wenn: wozu? Ach, niemand weiß es.
Über öder Häusermasse
Fliegt ein Flugzeug, während ich
Durch die Straße gehe, die ich
Einmal kannte und die jetzt

Fremder ist als all die Fremden,
Die mich streifen mit dem blassen
Fähnchen ihres Atems. War es
Nicht in jener Seitenstraße,
Wo sich Becher, Dehmel, Rilke
Einmal trafen? – Die Kaserne,
Was bewahrte sie vorm Ende
Jener, die dort sterben lernten?
Junge Leute in dem Grau
Dreier Kriege gehen dort
Ein und aus und auf und ab.
Brauner Backstein, Pferdeställe,
Ein Motor springt an, es trillert
Eine Pfeife: sie marschieren
Immer noch und immer wieder.
Ich geh weiter, geh dort hin,
Wo das Land sich flach streckt, hinterm
Friedhof eine Kneipe, dort
Arbeiter beim Bier, Gesichter
Ohne Glanz und Pathos, keine
Internationale, aus dem
Kasten quillt Musik von gestern,
Knallt der Trumpf, und eine Runde
Schmeißt ein junger Vater unterm
Weißen Licht der Neonröhren.
Noch ist Frieden, und gestorben
Ist der Feldmarschall schon lange,
Der nur ein paar Straßen weiter
Residierte. Und ein alter
Totengräber trinkt noch einen
Langen Zug. Und die Maschinen
Drucken für den nächsten Tag
Kein Gedicht, nur eine Rede.
Keiner liest sie. Ein Gerücht
Geht von Tisch zu Tisch, doch bald
Hat es sich verbraucht und legt
Wie ein müder, junger Hund

Untern Stuhl sich. Und dann taumelt
Einer auf dem Fahrrad durch die
Nacht, ein Fenster wirft ein Viereck
Licht aufs Pflaster. Wie erblindet
Naht der Morgen und er quert
Die Allee zum Friedhof, wo noch
Ein paar Linden vom Vergessen
Zeugen, das den Toten
Beistand gibt. Und die erstarrten
Steine schweigen, weil es niemand
Wissen will, was alle wissen.
Nässe streicht mir um die Füße,
Eine jener jungen Katzen,
Die man im Kanal ertränkte.

Reichardts Garten

Des Glückes grüner Winkel
Zwischen Unter- und Oberschmelzer:
Ein Geschenk der Fürstin von Anhalt-Dessau,
Dazu eine Salzgrafen-Pfründe
Für den gefeuerten Königlich-Preußischen Kapellmeister
Mit seinen waldhornblasenden Töchtern,
Belauscht von Eichendorff
Auf der Kirchhofsmauer von Giebichenstein.
Wenn die Veilchen blühn
Zwischen Präservativen und verfaulten Matratzen,
Erklär ich dir seine Geschichte: dort,
Wo sein Landhaus stand und der Dichterfürst
Im Regen der Nachtigall lauschte,
Verheddre ich mich
Im Auf und Ab seiner Biografie
Und zeig dir die Wiese,
Von der er mit erigiertem Teleskop
Dem Tod des Treskowschen Corps zusah,
Den der klavierspielende Prinz
Schon hinter sich hatte.
Dann warf er sich in die Kalesche,
Um sich in Berlin seinem König
Erneut in die Arme zu werfen, er,
Über den mein Freund promoviert hat
Und dem ich nicht nacheifern will,
In seiner nicht ermattenden Sucht,
Vierspännig zu fahren
Vor die Häuser der Mächtigen,
Abbitte leistend und schwitzend
Vor so viel Glück, Angst und Pein,
Romane, Opern und Lieder verfassend
So lange Halle-Jerusalem
Den Himmel schwärzt,

Der voller Geigen hängt,
Die honiggelb leuchten
Und blank wie die Hörner,
Denen auch Goethe gelauscht, dieser Hacks
Des neunzehnten, längst schon vergangenen Jahrhunderts. –
All unsere grünen Winkel, mein Kind,
Sind wie sein Garten:
Von ihm aus
Sehen wir Reiche stürzen,
Um schließlich nichts andres zu tun,
Als auf die Seebener Straße zu treten,
Um im Café Schade
Einen Schluck auf Reichardt zu trinken,
Der vorwegnahm, was uns bevorsteht: –

Fiktion

Ein Landedelmann in der Provinz Sachsen,
Mäzen eines Malers, Hundefreund, Dendrologe,
Hundert Jahre vor Sigmund Freud
Sich Rechenschaft gebend über sein Triebleben,

Noch nicht erreicht von den Nachrichten
Aus Mainz oder Mömpelgard, Kopf, der er ist,
Der Aufklärung hörig, Sammler
Asiatischer Kunst, Enkel

Eines Barockdichters, an der Grenze des Alters, bedenkt
Im Grufthaus zu O.
Das Glück seiner Ahnen:
Das zu Staub gewordne Jahrhundert

Hat seine Akten geschlossen, Novalis,
Hölderlin, Kleist schicken sich an,
Zugrunde zu gehn an der unerwiderten Liebe
Ihres Jahrhunderts. Lauf, Jäger, lauf:

Es wird Winter in Sachsen, die Hasen
Wissen es besser als du, obwohl noch kein Schnee
Ihre Spuren verrät, während der Heerwurm
Von Hochkirch zu Tal zieht, dorthin,

Wo in den Sümpfen von Liebertwolkwitz und Gohlis
Ein müdes Gedächtnis
Nachsinnt über all die Ideen,
Die zugrunde gehen am Fieber.

Ich jedenfalls weiß nicht, während ich dies
Schreibe, warum ich mich einbringen soll
In die Ereignisse, die auf mich zukommen,

Während hoch über mir ein Flugzeug kreist,
Wie eine Botschaft,
Die für mich nicht bestimmt ist.

Missingsch

Die Autobahn meiden,
Nebenstrecken, so die F 6,
Nicht zu verwechseln
Mit einer Zigarettenmarke
Gleichen Namens.

Durch Kühren, Luppa und Calbitz,
Von Strehla und Lommatzsch
Gar nicht zu reden,
Und der Bahnübergang bei Seerhausen,
Wo einem das Herz versagen könnte
In diesem Mittagslicht über den Feldern:

Legato,
Vereinzelte zarte
Paukenschläge darin,
Ganz zu schweigen
Vom Zehrener Berg
Und dem ersten Anblick
Der Domtürme Meißens,

Trotz der Radarfalle,
Die einem Wölkisch verleidet,
Weinberge, wo
Der Johannisberger wächst,
Gegenüber Schloß Scharfenberg
Und dem Totenhäuschen von Batzdorf.

Reizüberflutungen, Namen,
Die Erinnerungen auslösen:
Selbstschüsse,
Die ins Bewußtsein treffen.
In zwei Stunden durch Sachsen,

Die Achse entlang,
Um die sich Europa einst drehte.

Ach,
Dieses Fachwerk der Landgasthöfe,
Die vor sich hinsterben: hier
Fanden wir in einer Gewitternacht
Unterschlupf auf einer Dorfhochzeit:
Die Braut,
Ein Mädchen in Weiß,
Der Bräutigam,
Betrunken im Grasgarten,
Selig lächelnd in seiner Hochzeitsnacht,
Während der Regen
Ihm das Gesicht wusch.

Definition
Dessen, was Glück ist? –
Auf einer Bank
In Brockwitz am Strom,
Eine Flasche
Unverschnittnen Traminer im Blut,
Sachsen im Herzen,
Im Herzen der Welt,
Wenigstens meiner.

Weltsprachenunkundig

Was habe ich gesagt oder getan,
Von dem, was ich nicht ohnehin
Gesagt oder getan?
Wär ich ein anderes Wesen
In anderer Haut, was
Wäre in mir zerbrochen,
Was nicht ohnehin
In mir zerbrach?
Käm ich als ein anderer um die Ecke,
Mir selber entgegen, würde ich mich
Erkennen? Vielleicht
Wich ich mir aus: wär das
Das Ende vom Anfang?
Es ist Zeit,
Dir endlich
Antwort zu geben!
Schlage dich endlich
Über den Leisten, belohnt
Für treue Dienste, belobigt
Für gutes Verhalten,
Für das,
Wozu keine Kraft nötig ist
Und kein neuer Gedanke:
Gehangen, gefangen, gegangen
Auf der Landstraße,
Auf der alle gehn:
Westwärts, ostwärts, jerusalemwärts,
Dorthin,
Wo ich nicht bin,
Schaf nicht, nicht Hirte,
Weltsprachenunkundiges
Ich.

Janovice

Die privateste Seite
Meiner Biografie
Depeschen Karten Briefe
An Sidonie

Böhmen liegt am Meere
Ein zerrißner Strumpf
Dort wo am Gebirge
Hinzieht sich der Sumpf

Flackernd hat die Nächte
Fackelschein erhellt
Alles Gute Schlechte
Hält dort fest die Welt

Wo aus grüner Wiese
Janovice blüht
Und der bittersüße
Abendschein verglüht

Daß ich bin vergangen
Das macht mich nicht gram
Eins nur läßt mich bangen
Daß die heilge Scham

Meines kühlen Lebens
Öffentlich sich zeigt
Und daß das ›Vergebens‹
Nichts von dem verschweigt

Was in Janovice
Durch die lange Nacht
In dem Schein der Blitze
Mit dem Donner kracht

Sic transit gloria mundi

Einmal muß
Beglichen werden die Rechnung:
Auch die Liebe
Ging ihren Weg in die Massengräber: Asche
Häuft sich zu Asche,
Und selbst die schwache Stimme der Hoffnung
Kennt kein Erbarmen.
Vor den Gittern
Hebt sich der Tag
Mit Vogelgezwitscher und
Dem Scheppern der Müllcontainer.
Schuldige, Unschuldige –
Also auch wir –
Den Blick vom Pont des Arts
Auf die Apsis gerichtet,
Sind gezeichnet:
Von Angst, beispielsweise,
Daß alles gesagt ist, oder
Der Angst, daß das, was gesagt werden müßte,
Niemals gesagt werden kann.
So verinnerlicht sich
Auch die Geschichte:
Robespierre fällt Danton, Napoleon
Flieht aus dem brennenden Moskau,
Lenin warnt vor Stalin, Herr Hitler
Schickt seine Stukas nach Coventry,
Und irgendein Harry S. Brown aus St. Paul, Minnesota,
Klinkt seine Bomben aus über der Annenstraße,
Wo die Bilder des Malers Querner verbrennen.

Und immer noch stirbt
Tristan an Isolde oder Isolde an Tristan,
Und die Götter steigen herab zu Shen Te,

Und Herr B. empfiehlt uns,
Nicht gut zu sein, sondern dafür zu sorgen,
Eine gute Welt verlassen zu können.
                                        Wie aber,
Wo doch täglich ein neues
Damoklesschwert über unsere Köpfe
Gehängt wird?
                    Sic transit gloria mundi,
Begleitet von den Mazurken Chopins,
Maschinengewehrsalven, Rauchpilzen,
Dem brennenden Kaisersaschern,
Der a-moll-Fuge oder
Diesem Gedicht, geschrieben
Gegen die Vergeblichkeit.

De Sade

Während irgendwo in der Rue de Tournon
Der kleine Dr. Guillotin
Schon an seiner freundlichen Maschine bastelt,
Beschreibe ich Bogen um Bogen
Und klebe sie aneinander:
Zwölf Komma ein Meter nach dem neuen Maß,
Eine endlose Ejakulation,
Die sich über die Place de la Bastille ergießt,
Um die Rue St-Antoine hinunterzufließen,
Ein Strom meiner Freiheit,
Der dieses Zeitalter überschwemmt
Mit Rosen im Bett
Und Blut in den Schuhen,
Mit Flüchen und Schreien,
Dem endlosen Stöhnen,
Den Rededuellen,
Den brechenden Augen,
Dem Juligewitter,
Dem Regen, in dem die Kommunarden ersaufen,
Der Maas und der Marne,
Bis Hitler den Fahrstuhl besteigt,
Der ihn auf den Eiffelturm trägt,
Und an der Place Blanche die Sexshops erblühn,
Und sich die Verleger die Hände reiben,
Während ich immer und ewig verfaule.

Nachlese

Zwei einsame Männer mittleren Alters mit schütterem Haar
Sitzen beim Frühstück im Hotel du Pantheon
Und überrechnen noch einmal
Die kärglichen Spesen: keine Aussicht
Auf Extravaganzen.
O dieses unzweideutige Lächeln
Der hochzeitsreisenden Paare beim Frühstück: nachts
Klingeln die Messingbetten,
Unüberhörbar und kaum gedämpft
Durch die gipsernen Wände. Immer wieder
Erwachen des Nachts die einsamen Männer,
Und immer wieder
Fragt einer den andern:
Hörst du's? – Das,
Sagt der eine zum anderen,
Ist's. – Ach, meinst du wirklich?
Und beide
Drehen sich um und versuchen weiterzuschlafen.
Am Morgen umrunden die Reinigungswagen,
Die bekannten schweren Berliets,
Die Place du Pantheon. Jetzt
Schlafen die Paare, während die beiden
Einsamen Männer beginnen,
Die Koffer zu packen, gedenkend
Der trocken knarrenden Betten
Der Heimat.

Brief an Laurencia Voltaires

Sie, erfundene Göttin, der ich meine Jugend
Gewidmet, leben noch immer?! –
Ich, im winterlich-kalten
Sachsen, wo der Schnee
Die Wiesen bedeckt, die Sie
Von den Bildern der deutschen Romantiker kennen,
Erinnre mich wieder an Sie, denn ich sah
Neulich Ihr Bild in einem
Der Magazine, die ich erwarb,
Dort, wo die alten Scharteken
Für den Export in wärmere Länder sich rüsten.

O Laurencia, wie gerne
Schriebe ich Ihnen,
Wenn ich, herabsteigend von Ihrem Gesicht,
Mir Ihre Schmallippen vorstell, jetzt, wo ich einsam
Im einsamen Haus jeden Verkehres entbehre.
Trotzdem bin ich ein Gott,
Der in nächtlicher Stunde
Die Schreibmaschine besteigt, während die Nachbarin,
Eine der Schönheiten dieser kälteren Gegend,
Sich ihrer Rolle verschreibt:
Weihnachtsmann ihren Kindern zu sein.
Ach, wüßten Sie, Laurencia Voltaires,
Was hier unvergleichlich: nämlich der Winter,
Wie er die kleinen, in keinem Atlas verzeichneten Dörfer
Umzingelt! – Mein Auto, seit mehreren Tagen im Schnee,
Ich, ein von Polen gesandter Magnat,
Im Mantel von einigen Schafen,
Während ich Sie, meine Göttin der Jugend,
Seh im Gezweig einer Pappel, ein Gimpel in buntem Gefieder,
Lieblich, und doch voller Strenge …

Nein, es läßt sich nicht alles beschreiben! –
Ich schweige und höre im Radio

Eine Kantate von Bach,
In diesem Land voller Schnee,
In dem es nach Kohlenrauch riecht,
Den Sie – man erfuhrs durch die Prensa Latina –
So gründlich verabscheun. Doch wie
Soll ich beschreiben all diese Irritationen,
Von denen Sie wissen, Laurencia?

Ja, Sie leben noch immer! Jetzt,
Da ich nicht ein und nicht aus weiß,
Seh ich Sie wieder, beim Tod des Woiwoden,
Beim Tod aller grusinischen Fürsten:
O Mexiko, deine Pferde! Und die aller Bauern Masowiens!
Ich schwöre Ihnen: all meine vergangenen Jahre
Sind eine Kleinigkeit, ich bin ja nicht,
So, wie ich von Ihnen hörte,
Weit in der Welt herumgekommen, Sie, aber Sie,
Sehe ich leibhaftig vor mir wie alle Idole der Liebe,
Die ich nie erreichte.
                                        Doch einmal
Wird kommen der Tag, wo wir uns begegnen:
Wahrscheinlich im Regen in einem der hierlands
Üblichen Sommer: Ich,
Ein kleiner Napoleon, und Sie,
Eine größere Josephine mit der Geschichte zu Füßen
Und einem Hündchen. Mit allen Dichtern, schrieb man,
Sei ich gut Freund, dies zur Empfehlung, Laurencia Voltaires,
Wenn Sie eines Tages ohne zu zögern
Auf mich zugehen werden, einen Gruß auf den Lippen,
Während der Wind, der ewig geheiligte Wind,
Um uns seinen Mantel
Schlägt, nobel wie immer, und ich Sie geleite
In ein Museum im Lande der Sachsen
Mit einem Vers auf den Lippen: Sie,
Erfundene Göttin, der ich meine Jugend
Gewidmet, leben noch immer …

Kritisches Bewußtsein

Der Zug stößt durch die Dunkelheit,
Vorbei an Gräben, Gräbern, Abfallplätzen.
Von Bitterfeld bis Schönefeld:
Bauplatz und Schrottplatz
Kaum zu unterscheiden.
Die kleinen Flämingdörfer spiegeln sich
Im angestauten Regenwasser.
Für einen Augenblick
Öffnet der Himmel sich: die Sonne
Schickt einen Gruß ins Nichts.
Es scheint, das Land besteht aus Müllabladeplätzen.
Die grauen Reiher, diese schönen Tiere,
Stehn, scheint es, ratlos im Verfall.
Die Wälder wie verfilzte Gräser, Sperrgebiete.
Und dann verwirren sich die Gleise.
Mach deinen Film: die abgewrackten
Vierlingsgeschütze, die Autos und die Kutschen
Der DEFA sagen alles: Armutei.
Gesichter
Von Knattermimen und Komparsen
In Uniformen: in der Dichter Land
Wird die Vergangenheit bewältigt.
Der Arnims Gräber, Huchels Wilhelmshorst –
O Land, o Lessing-Land,
In dem sich so viel Traurigkeit versammelt.
Ein Volk von Jägern und Gejagten
Beginnt, in die Geschichte einzugehen.
Der graue Reiher, dieses schöne Tier,
Mein Wappenvogel, steht indessen
Im Niemandsland, wo sich das Schweigen sammelt,
Und führt das Wort.

Zwei Gedichte, Januar 1981

1

Hoffnung, Gekrönte, in welches
Haus kehrst du ein, Geschmähte? Viele
Riefen nach dir, selbst die Stummen
Vereinten sich in dem Vers,
Daß seitdem die Welt …
Ach, wieviel Wasser
Ist inzwischen die Wolga, den Nil,
Die Elbe hinuntergeflossen!
In Wolynien gibt es keine Bienen mehr,
Schrieb Babel, genauer Chronist
Menschlicher Grausamkeit. Sommer auf Sommer
Ist seitdem vergangen. Ich,
Im ersten Drittel dieses Jahrhunderts geboren,
Hab überlebt. Mehr
Ist kaum zu sagen. Oder ich warte,
Mit all meiner Schwäche,
Daß ich verschont bleiben möge von dem,
Was ich täglich lese. Dies
Ist die Hoffnung, ich seh sie
In grauen Kleidern, verbündet
Selbst mit dem Floß der Medusa,
Solange es trägt.

2

Ich brauche Widerspruch und sage:
Nichts geht mehr. Doch keiner
Hört mich und widerspricht.
Immer weniger Dumme, sag ich mir tröstend,
Daher das Einverständnis
Mit dem, was ich denke.
Und wieder geh ich im Kreis, versuche,
Mich zu überholen,

Wie ichs vor Jahren gelernt, verzweifelt
Mach ich Versuch um Versuch …
Auf der Herrenstraße zu Halle,
Wo es Ersatzteile geben soll, aber nicht gibt,
Treffe ich Möhwald, der schwimmen gehn will.
Januar. Alles grau. Voller Betrübnis
Sag ich zu ihm: Das
Ist der Zustand. M
Widerspricht nicht, das
Macht mich endgültig traurig.

Die Steppe

(Nach Tschechow)

Dann fuhren wir landwärts,
Landwärts, immer nur landwärts,
Die Steppe, immer die Steppe,
Ein randloser Teller, sandwärts,
Immer nur sandwärts.

Kein Reim, der uns paßte, keiner,
Der einem gefiel, seit Tagen.
Die Wörter zerfielen im Munde,
Uns dürstete sehr, der Kutscher
Hatte die Pferde noch einmal getränkt.

Wir schlachteten sie, öffneten
Magen und Blase: vertrocknet und leer.
Verzweifelt gewahrten wir eine Wolke. Vielleicht
Daß es regne, schwarz
Der Horizont, darin
Schweflige Blitze, aber

Kein Regen. Im Koffer der Wodka
Rettete uns vor dem Wahnsinn, Aljoscha
Trug ein Lüsterjackett, Sergej
Einen Frack, mein Smoking
Galt schon lange nicht mehr als modisch.

Also hatte ich nichts zu verlieren.
Ich hatte nur Glück, daß es mir nicht so schlecht ging
Wie gestern, als ich Besuch hatte und
Schweigend am Tisch saß.

Welch ein sonorer Ernst

Wo die Wiege der Menschheit,
Der europäischen wenigstens, stand,
Hast du gesehen: da waren die Spuren
Derer, die starben, denn daß der Mensch
Sterblich ist,
Gilt schon lange als wahr.

Doch auch ihr,
Dinosaurier des Frühlings,
Wollt leben: natürlich
Steigen die Flüsse in dieser Zeit,
Gott, gäb es ihn wirklich,
Säß in der Kirche, was
Sollte er anderes tun,
Angesichts der für ihn
Unerreichbaren Schöße der Mädchen.

Aber die Männer,
Oder das, was man dafür hält,
Halten sich für unsterblich,
Trotz der Kassandraschreie der Mütter.

Bye-bye, Love, bye-bye, Happiness:
Das Leben, als Schlager,
Nimmt sich gut aus
Inmitten der unerreichbaren
Höhen des Highlife oder
Des Beischlafs mit Milva.

Wer kennt denn die Irritationen,
Die Bühne, auf der alles abläuft? Wohin
Mit den überflüssigen Menschen?
Erfahrung

Koppelt sich an Erfahrung,
Welch sonorer Ernst
Inmitten des Lebens!

Und was für ein Aufwand
Steter Vergeblichkeit:
Fast entscheidet ein Wetterbericht
Schon mehr als alle Ideologien.
Demeter hat
Vielleicht wieder Macht
Über die Menschen. Es mangelt,
Alles in allem,
Ganz einfach an Informationen.

Weiß

Ich zähle die Zettel auf meinem Tisch:
Täglich werden es mehr, makellos weiß
Wie die Unschuld. Der Füller ist leer,
Der Bleistift zerbrochen. Ach wie viele schöne
Elegien gingen verloren, wieviele Briefe!
Aber so bewachen sie meinen Schlaf.
Nur wenn im Mai zwischen Bollschweil und Staufen
Die Kirschen zu blühen beginnen,
Seh ich das Weiß des Papiers
Mit freundlichen Augen.
Und ich erinnere mich
An das Grab der Marie Luise Freifrau von Kaschnitz
Und an das kleine Auto,
Das uns zum Feldberg emportrug.
Von hier aus hätte der Teufel
Mir gerne gezeigt die Reiche der Welt,
Ich aber sah nur,
Wie das Weiß des Winters hier oben
Blutlos die Nähe des Lebens verleugnet.

Am Kaiserstuhl

Mehr als ein Wortspiel
Oder abseitig Gedachtes: Deutschland,
Meine Trauer! –
Ich fuhr im Schatten der Reaktoren
Zwischen Vogesen und Schwarzwald
Auf regentriefenden Straßen.
Mein Magen, gepeinigt
Von lieblichen Weinen,
Drehte sich um sich
Wie meine zwei Länder:
Hier sah ich,
Die Weinterrassen durchwandernd,
Planierte Natur,
Aber darüber noch immer
Der Schongauer-Himmel,
Und in den Kneipen
Die Sprache der Nebenerwerbs-Weinbauern
Fast noch
Ein Alemannisch Gedicht.

Schwarzwald

Der Wald steht schwarz und schweiget,
Aufgebaut so hoch da droben. Zu seinen Füßen
Die Dichter im Dschungel
Der Presse und Paragraphen,
Tot, oder lebend
Ihr seltsames Leben.

Vom Tuniberg seh ich
Das Land und den Strom:
Wo Deutschland endet
Oder beginnt,
Weiß keiner mehr.

Ging hier nicht Mathis,
Um in Halle zu sterben?
In keiner Verbundenheit mehr
Leben die Freunde, die Fremde
Heißt Küsnacht und Zürich,
Die Mondsichel steht
Kalt überm See.

Wo, Mutter Natur,
Werde ich sein,
Wenn die Freunde
Den Wein für mich trinken? Mühsam
Les ich den Text:
Un i ha ke Hoffnig meh. Druf leg i mi nider.

Wohin denn
Die Freunde? Der Wald,
Aufgebaut so hoch da droben,
Steht schwarz
Und schweigt.

In unerklärlicher Absicht

Von einer Wolke auf eine andre
Bin ich geflogen. Es war
Ein heroischer Traum: auf seinem Sockel
Stand der Eiserne und
Lenkte väterlich unser Schicksal.

Dann aber,
Als man ihn herabstieß,
Hörte man nicht nur
Das Klirren von Blech.

Seitdem
Ist Hoffnung auf Hoffnung
Gekommen, gegangen,
Während der lange Zug der Verbannten
Zurückgekehrt ist
In unser Bewußtsein.

Wir hier im Zentrum Europas,
Gefesselt in das Gewand
Erklärbarer Gegensätze,
Stehen auf blutender Erde
In unerklärlicher Absicht,
Während noch immer
Das längst schon verheißne
Letzte Gefecht
Unsere Ohren betäubt.

Sprachlos geworden,
Reden wir um uns herum,
Souffliert von den Tagesberichten
Und den unerklärbar gewordenen Theorien,

Die uns die Standpunkte zuweisen,
Auf denen wir stehen,

Bewegt.

Ort

Heine, als er in Berlin war,
Überlief bei dem Gedanken,
Hier oder da
Könnte Lessing gegangen sein,
Immer ein Schauer.

Ach, wäre er doch
In Kamenz gewesen:
Kirchgasse, Badergasse, Schulgasse, Theatergasse –
Jeder Schritt
Nichts als ein Schauer!

Hat der kleine Gotthold
Hier oder da seine Murmeln geschoben?
Oder hat der junge Gelehrte,
Der schon mit sechs
In einem Hinterzimmer der Pfarre
Griechisch, Hebräisch, Latein
In sich stopfte, vielleicht
Diese Gassen
Niemals betreten?

Ringsum die sorbische Heide,
Kraftwerkschlote,
Vom erhöhten Ausguck im Kirchhof
Gut zu erkennen. Der Name Lessing
Auf keinem Grabstein verzeichnet.

Der Nachmittag summt
Zwischen Grabsteinen und Koniferen,
Die Stille gestört
Von einem dahinheulenden Rettungswagen.

Auf der Straße nach Räckelwitz
Ein Wartburg um eine Birke gewickelt,
Die Frontscheibe
Gerötet von Blut.

Man hat nicht mehr viel zu erfinden:
Keine Minna wartet in einem Berliner Hotel
Auf ihren Tellheim.

Wendische Mädchen
Singen im Heu, in der Luft ein Geruch,
Der einem Mann zusetzen kann.

In Königswartha die kleine Friseuse
In hautengen Hosen,
Die nach Bautzen will in die Disko
Und die von Lessing nichts weiß.

Der doch ein Mann war,
Kein Stubengelehrter,
Und der hier und da
Gewesen sein könnte,
In Neschwitz zum Beispiel.

So viele Schauer
Während der Fahrt über Land,
Durch Panschwitz-Kuckau,
Wo der Urin der Äbtissinnen
Die Hartbrandsteine zersetzt,
Und wo ein Priester
Mit wehender Soutane
Über die Straße eilt,
Als hätte es Lessing
Niemals gegeben.

Görlitz

Es ist an der Zeit,
Über Görlitz zu reden,
Die Stadt Jakob Böhmes,
Wo mein ältester Sohn
Ins Niemandslicht sah,
Wie der Frost durch die Scheiben.

Der Erinnerung
Verborgen gebliebenes Geheimnis
Wird durch die Erinnerung
Offenbart:

Es war im Dezember,
Als die Jahrhunderte schwiegen,
O Sancta Justitia,
Und wo meine Stimme
Im Flüsterbogen
Deinwärts
Plötzlich erstarb.

Geblieben,
Wie immer,
Sind ein paar Brunnen,
Die nicht mehr rauschen,
Ein kühles Gewölbe,
In dem ich Wein trank
In dieser weinlosen Stadt,

Von sich geschieden
Durch eine Grenze
Der Freundschaft.

Kumwald

Während wir immer noch Lebenden
Vergeblich suchen den Sinn
Eines zu früh beendeten Lebens,
Denkt für uns ein Stein
Zu Füßen des Schwarzen Gottes.

Jasnaja poljana
Hinter den Bäumen aus Rhodos:
Nichts außer ihnen
Erinnert an nichts.

Zusammengelesenes, inclusive
Der üblichen Gedächtnislücken:
Hier unter dieser
Weithin berühmten
Zurechtgebogenen Linde
Solln Sie gefüllt haben
Bogen um Bogen?

Oh
Dieses heilige Schweigen
Der Germanistik ringsum! –
Bestenfalls eine hehre Berufung
Auf einen Brief Leo Tolstois
Und auf ein Zitat
Lenins oder Plechanows.

Überlebt hat Sie jedenfalls freiwillig
Um neunundsiebenzig Jahre
Die Ortsfeuerwehr von Cunewalde:
Umgebindehäuser,
Straßauf,
Straßab.

Und während uns
Einiges Mißtraun
In Ihren Hof begleitet,
Wo wir in der Tat
Nichts zu suchen haben,
Weil nichts mehr zu finden ist,
Außer, vielleicht,
Eine abgegriffene Münze
Unter dem Freitisch,
Feiern die Nachfahrn
Des Büttnerbauern
Sich selbst.

Dort, wo Sie sich ergingen,
Gibt es nichts mehr zu löschen
Außer dem üblichen Durst.
Geheiliget sei
Die Propangasflasche,
Das Sicherheitsventil,
Der gehauene Lukas,
Herr Kammerherr
Wilhelm von Polenz.

Dorthin

Aufgerieben
Vom Splitt, in dem ich krieche,
Um schließlich aufrecht zu gehn,

Schick ich mein Wort
Mir voraus,

Aufzufangen
Das tödliche Schweigen,
Das auf mich zukommt.

Später,
Im Juligewitter,
Schlaflos
Vom Flüstern der Gräser,

Spür ich,
Wie unermüdlich
Das Blut seinen Weg nimmt:

Dorthin,

Dorthin

Und dorthin.

Leeds

Also auch hier:
Die sich ewig gleichende Nässe
Und das Einerlei
Der Kenilworth-Zimmer,
So ähnlich den Mädchengesichtern
Aller Rezeptionen der Welt,
Farbig beglänzt,
Wie im Televisor
Die Schlösser der Landlords
Des National Trust.

Ich,
Ein Reisender in Literatur,
Öffnete hier oder da
Meine Koffer,
Vorzuzeigen die Muster
Kontinentaler Gedichte.

Manchmal verkauf ich sogar
Den einen oder den anderen Vers
Und nehme, nicht ohne zu danken,
Die Münzen entgegen,
Die mir die Weiterreise gestatten
Auf der Insel stählerner Straße,

Nach Hampstead zurück,
Wo mich im Vorbeifahrn
Ein Gitter erwartet,
Sprachlos beredt.

Weil alles so flüchtig ist
Im Reich der Ideen,
Bleib ich in Leeds,

Wo ein bitteres Bier
Noch immer gebraut wird,
An das ich mich gewöhne, vermutlich
Noch in diesem Jahr.

Auf den Plätzen am Fluß

Auf den Plätzen am Fluß
Brannten noch Tage die Kohlen,
Wo gegenüber im Ostragehege
Kurt Vonnegut jun.
Den Flammen, dem Hunger entkam.
                                                            Wir
Wußten nichts voneinander: er
Ein gefangner GI, ich,
Ein Kind, das dem Alter
Entgegenging, in die HJ
Aufgenommen zu werden.

Sagen Sie ruhig, wie sinnlos es ist,
Gedichte zu schreiben über den Frieden: der Krieg
Setzt sich entgegen, in einer Glutglocke
Erstickten die Schreie.
                                        Wer schreien kann, schreie:
Ich bin geboren, zu widerstehen
Den Erfolgsberichtsschreibern,
Auch denen, die ihre
Vergangenheit redigieren, um einzugehn
In die Geschichte,
Die sie vergessen wird,
Wie die ausgegrabenen Helden,
Die wieder den Sockel besteigen,
Zur Feier derer, die in den Logen
Sitzen, fröhlich vereint
Unterm Baldachin der Ökonomie.

Auf den Kohlenplätzen am Fluß
Singen die Nachtigallen. Die Toten
Halten noch Wacht, meine Hoffnung
Nennt sich Vergeblichkeit, ihre Botschaft

Trage ich dem Vergessen entgegen,
Wie der Fluß seine Phenole
Und die sterbenden Fische,
Die keine Namen mehr haben.

Selbsttrost

Wie soll ich absehn
Von diesem Stück Welt,
Von diesem verschlickten Stück Strand,
Zu dem ich fuhr
Von der einen zur anderen Kante
Des Kontinents?

Jetzt,
Auf dieser vergammelten Fähre
Mit ihrer besoffenen Mannschaft,
Inmitten der müden
Urlaubsreifen Gesichter,
Nach dieser Nacht
Zwischen den Pappwänden eines Motels,
Bin ich auf der Fahrt
Ins Gewisse.

Als ich abreiste,
Hatten die Zungen des Schnees
Die Gärten noch nicht verlassen. Ungewiß,
Welcher Jahreszeit
Ich mich anvertraun sollte,
Ging ich davon.

Der Zöllner
Deutete beinah verlegen auf mich
Und mein Fahrzeug: so schnell
War ich noch nie über der Grenze,
In diesem Moment
Gedachte kein Mensch
Meiner verfehlten Wörter,
Die noch immer
Nach ihren Synonymen suchen.

Doch ich begriff: man muß,
Möglichst ohne den Nacken zu beugen,
Unter den Schlagbäumen durch,
Auch wenn die andere Hälfte der Welt
Ohne Erinnerung ist
An ein portugiesisches Restaurant in Makau,
Das ich nie sehn werd.

Subway

Tausendäugige Stadt, durchbohrt
Von den Speeren der Resignation:
Ich bin nicht gekommen,
Die Königin zu töten,
Mir genügte der Efeu,
Der Churchills Bunker bewächst.
Meinen Weg querte nicht
Der Königinmutter Pelikan,
Auch die Bienenflügler
Und Fleischfresser
Blieben mir weitgehend
Gleichgültig.

Ertrinkend in den Fluten der City,
Ergriff ich die Superlative
Und flüchtete mich auf die Insel
Der Guild Hall, im Auge
Das Maßwerk, gerettet
Von Chips und von Beans,
Ein Robinson
Seltsamer Herkunft.

Nachts
Durchquert ich die tiefen
Schatten zahlloser Squares,
Denn ich hatte nichts zu verlieren,
Nur das Gedächtnis
An eine Musik ohne Angst,
Die ich irgendwo hörte,
Wo mir niemand den Weg wies
Aus den Gedärmen
Der alles verschlingenden Stadt.

Ach, wie vertraut
Waren mir ihre niemals
Gereinigten Straßen,
Die brüchigen Dächer,
Durch die der Regen aufs Bett fiel.

Ich hätte mir gern
Die Liebe gekauft,
Die in Soho sich feilbot.
Gut wär es gewesen,
Die im Koffer wartende Flasche zu öffnen,
Die Einsamkeit zu vergessen.

Auf Flügeln schwebten wir ein,
Im Gepäck das Gedächtnis
Einer V1, unter uns
Die grünenden Vorstädte waren
Gewärtig des Winters. Tief
Sanken wir in die mächtigen
Unterirdischen Felsen,
Dorthin,
Wohin wir schon immer uns sehnten:
In den Untergrund,
Der uns zurücktrug
Ins Leben.

Jetzt
Treten aus dem Dunkel der Zeit
Die leuchtenden Bilder:
Die herrlichen Irrgärten,
In denen uns
Babylonische Sprachen gestreift.

Wir sahen Park Lane.
Die Straßen glänzten wie Öl,
Und die Millionen
Stiegen in prächtigen Smokings

Aus Automobilen,
Geschmeidige Katzen,
Die schnurrend in Tiefgaragen verschwanden.

Auf allzu glattem Parkett
Trank ich aus dem Glas
Den alle vereinenden Trank,
Um den erwachenden Tag
Hinter den Bänken der City zu sehn.

Grün floß das Blut
Unter den Brücken, auf denen ich stand.
Ein Museum verbarg,
Wovon als Kind ich geträumt,
Und an mir vorüber
Fuhren die Busse,
Die alle die Namen der Vorstädte trugen,
In denen zu leben
Mir nicht bestimmt ist.

An einem Morgen,
Schwarz wie der den Lift bedienende Afrikaner,
Schleppte ich meinen Koffer
Über den Russel Square, so
Wie mein letzter polnischer Freund
Bautzen in Richtung Görlitz verließ.

Wieder daheim,
Sehe ich nicht ohne Entsetzen
Die Ähnlichkeit zweier Länder,
Die der Krieg nicht verschonte.

King's Cross

Für Karin McPherson

Wie weiland Fontane
Irre ich
Zwischen kanelliertem
Eisen umher:

Depart, Arrive –
Leuchtziffern
Kreuzen meine Gedanken,
Hamburgers,
Angefaulte Bananen.

Als letztes Wort
Wirft sich die Dunkelheit
Über London, Schottland,
Von Witzen besetzt,
Nähert sich
Mit den üblichen
Infamien der Heimat.
So entgleiten unsere Reisen
In die Geschichtslosigkeit
Bis dich ein Name erreicht:
Waverley Station.

Erst im Hotel,
Das du wiedererkennst,
Begreifst du,
Daß du vor hundert Jahren
Schon einmal
Hier gewesen.

Unter dem Strich
Präsentiert dir die Erfahrung

Am Morgen die Summe
Aller Geschichte:

Den Tag,
Der mit Straßengeräuschen
Zu dir emporspringt
Und sich seinen Teil nimmt.

Risotto à l'asiatica

Auch hier bin ich nur,
Um mich an etwas zu erinnern,
Allerdings
Vergaß ich, an was.

Wär ich ein Sänger,
Sänge ich, Hamburg, von dir
Aus dem Mastkorb
Eines Piratensenders.

Müde
Der allzu flotten Boutiquen,
Suche ich nach einem Ort,
Der Vergessen ermöglicht.

Die klangvollen Namen
Der Häfen, Landungsbrücken,
Straßen und Kirchen
Werd ich wahrscheinlich tatsächlich vergessen
Bevor ich zu Haus bin.

Nicht aber dich, La Barca:
So lässig wie mit der linken Hand
Je hingeschrieben wurde ein Vers,
Legt mir der Kellner
Die Karte vor. Ich

Zähle mein Geld und entscheid mich
Für Risotto à l'asiatica, ergänzt
Von einem Rotwein, der
Betrunkenheit vortäuscht und mich
Mit der Wirklichkeit
Kurzfristig versöhnt.

Ach, meine lieben, neidvollen Freunde:
Die lange geplante
Ausfahrt, sie fand nicht statt! –

Ich bin kein Fall
Für die Verlage, die Presse.
So gleich ich
Dem großen Cesław Milosz,
Der den Nobelpreis bekam,

Aber vergessen sein soll
Im Gedächtnis der Buchhändlerin auf der Mönckebergstraße,
Die mir statt dessen
Ein Buch von Gisela Steineckert anbot.

Es war wie im schlechten Traum,
Den Brecht einst geträumt,
Als zerbrochene Finger
Auf ihn gedeutet und er
»Ahnungslose« in die zitternde Luft
Von Buckow geschrien.

Das Zauberwort heißt
Risotto à l'asiatica
Und ist keine Metapher,
Denn es führt keine Nebenbedeutungen mit sich,
Nur den Geschmack
Der Erinnerung an eine Stadt,
Deren Tage gezählt sind.

In York

Während der Regen
Den Weg zur Kathedrale begleitet,
Hüllt das tausendjährige York
Sich in Schweigen.

Weihnachtssterne,
Wohin du siehst,
Und bei Wimpy
Die den Magen verstimmenden
Fish and Chips.

Aus einem Laden
Die unbezahlbaren
Grüße aus Seiffen,
Während wir in einem Discount-Shop
Unterschlupf finden.

Die besten Metaphern
Prägt das tägliche Leben:
Münzen, die
Im Rinnstein verrollen,
Während das Münster
Sein kostbares Inneres birgt
Und sich erhebt
Über die frierende Stadt.

Was also habe ich hier
Zu suchen, der Vergangenheit müde,
Der Walfischrippen North Berwicks und
Der täglichen Konversation?

Ach, Karin, hätten wir doch
Von Britanniens und Deutschlands

Gemeinsamem Krieg
Auch nur einmal gesprochen,
Der hinter uns liegt
Und von dem geblieben sind
Brandnarben auf unseren Herzen:

Noch immer kein Ende
Verkündet das Pochen
Der Räder der British Rail,
Das uns einholt wie der Regen,
Der unseren Weg
Zur Kathedrale begleitet.

Take it …

Ich sah drei erlöschende Sonnen,
Dreimal sah ich die Erde sich drehen,
Dreimal von der Terrasse der Stadt
Mit ihren Gehäusen, in denen das Leben
Eingesperrt ist, dreimal
Stand ich am Grab meines Vaters, dreimal
Besucht ich die Mutter, dreimal
Stand ich am Rhein, sah auf die Vogesen,
Dreimal
Nahm ich dort Abschied und wandte mich um,
Und konnte mich doch nicht entschließen, zu gehn.

Dreimal verwarf ich, was ich geschrieben,
Dreimal beweint ich, was ich verloren,
Dreimal drehte der Wagen
Sich auf vereisender Straße, dreimal
Sah ich mich kalt und ohne Erschrecken:
An einer Eiche zerschellend,
Im Bett, von Binden umwickelt,
Im Sarg, mit unbeteiligter Miene.

Dreimal mal dreimal mal dreimal
Hab ich die Hoffnung gemieden, da sah ich
Drei Kreuze am Meer und las eine Inschrift.
Dreimal verweigerte ich jede Antwort.
Dreimal hatte ich Durst, als ich der Welle gedachte,
Die sich am Vyšehrad brach.

Ich fuhr und ich ging und ich schwamm,
Ziellos, und wußte, daß keine Zahl
Zusammenhält, was zerfällt.

Ich klagte und schrie, ich zerschlug,
Was ich besessen. Take it easy, sagte ich mir,
Schwarz auf weiß
Hab ichs nach Hause getragen,

Dreimal hab ich die Erde sich drehen gesehen,
Die Erde, gesperrt in ein totes Gehäuse,
Wo sie kein Atem des Engels berührt,
Wo durch das eisige Feuer der Tod geht,
Um von uns Abschied zu nehmen:

Wir, die beweinten Beweiner,
Wir, die versteinerten Steine,
Wir, die entschloßnen Beschließer,
Eiskalt und ohne Erschrecken,
Die wir ihn meiden.

Unsrer
Gedenken die Toten,
Uns ermahnen, die uns regieren,
Zahllose wir, noch nicht wissend,
Daß man uns heimzahlen wird,
Was wir uns verziehn.

Liberty

Sie fuhren über den Atlantik, Fracht
Nach Europa bringend, wo der Krieg,
Der Hai, den Rachen aufriß, Liberty
Warn sie getauft, was Freiheit heißt, darüber
Im wolkenlosen Himmel flogen
Die Bomber, Fracht
Nach Dresden bringend, Fastnachtsfracht.
Ich lebe mit den Toten, tote Seelen
Haben das Brot mit mir gebrochen, die Musik
Des Totenreichs hab ich auf meinen Platten.
Nun schweißen Tote in die toten Schiffe,
Die auf der Reede liegen, Löcher,
Um sie im Golf von Mexiko
Den Haien und Korallen zu verşenken.
Das lehrt, daß das Gestorbene nicht tot ist,
Oder das Tote nicht gestorben, wer das wüßte,
Bekäm die Krone. Ich schreibe keine Lehrgedichte,
Das überlaß ich andern, die das auch nicht können.
Das Leben lehrt nicht und der Tod lehrt nicht,
Denn beide sind sich selbst genug und leben
Im besten Einverständnis miteinander.
Die Schiffe aber, die den Tang der Meere
Wie Bärte an den Kielen tragen, sinken
In eine Zukunft

Svea

Die Wunder bleiben zurück,
Begleitet von Leuchtzeichen,
Entgegen
Dem verheißenen Land,
Nur der Nebel
Verbündet sich
Mit dem erwachenden Tag.

Der einzelne Wagen –
Ein schmutziger Kühlschrank,
Von nichts
Und niemand empfangen.

Teakholz und blendfreies Glas
Grenzen dich ein.
Ein langgezogener Heulton
Der eiskalte Wind.

Kein König
Sitzt auf der Jugendstilbank
Und erwartet
Den Tag.

Hinter Wacholderhügeln
Der Blick auf die Welt:
Seehundgrau
Das innere Bild.

O Svea,
Wie unerbittlich
Brechen Gneis und Granit
Durch den verwehenden Schnee.

Värmlands brachliegende Äcker
Sind überholt
Von der alles
Gleichmachenden Nacht.

Engelbrecht,
Zog hier dein Heer?
Freiheit, dein Stern,
Zur Phrase
Geronnenes Wort?

Ist es nicht gleich,
Wo man lebt?
Des Glückes Kehrseite
Ist überall
Gegenwärtig.

Staat,
Heb dein Gorgonenhaupt:
Alles
Nach menschlichen Maßen geordnet,
Rauchfreie Fabriken
Werfen auf alle Märkte
Die besten Artikel, Thermostaten
Regeln das Leben.

Strindberg
Reist erster Klasse,
Im Handgepäck
Die Flasche
Aus der Systembolaget.

Geheimnisse,
Verborgen in Reihenhäusern
Und hinter den Masken
Der dem Julfest
Entgegeneilenden Menschheit.

Vom Mälarstrand
Sah ich im Wirbel der Flocken
Die sich um ihr Gnadenbrot
Streitenden Möwen.

Sprachlos wußte ich plötzlich,
Daß ich den Punkt,
Der mein Leben beschließt,
Auch in diesem Lande
Nicht finde.

Schwedisches Stenogramm

Unterbelichtete Bilder,
Natur, an den Stadtrand verbannt,
Winterlich, ohne Schnee,
Eingefrorene Boote und
Eisangler, wie
Du und ich.

Öffne dein Herz:

Auch du
Bist, wo du hinkommst,
Willkommen,

Das Brot zu teilen,
Das Dunkel,
Die Stille.

Die Angst
Vor dem Schweigen
Der Zukunft.

In Deutschland (1986)

Von Kaisborstel nach Tielenhemme
Fährt mich K. mit seinem
Turbogetriebenen Superautomobil
Übern Nordostseekanal, auf dem
Ein Eisbrecher das Wasser öffnet,
Aber das Eis sich hinter ihm
Gleich wieder schließt.
Alles ist metaphorisch, sagt K., und ich
Widerspreche ihm nicht.
Nach einer stummen Umarmung
Sitzt S. mir am Tisch gegenüber,
Jeden Blickkontakt meidend. Doch unser Gespräch
Setzen wir fort, als hätten wirs erst gestern
Abend in Halle beendet.
Später, allein mit dem Hund,
Gehen wir zwischen den beiden
Meeren unter der Starkstromleitung,
Die, glaube ich, immer noch
Deutschland mit Deutschland verbindet.
Mehrere Horizonte
Lassen uns Städte ahnen, Atom-
Meiler, Wieder-
Aufbereitungsanlagen, Panzer, Soldaten.
Der Himmel darüber
Verkündet ein großes Verhängnis,
Das kommen wird, während ein Bauer
Seinen Mercedes am Eiderdeich parkt,
Um sich nach dem Preis
Von S. schwarzem neufundländischen Hund
Zu erkundigen. So
Vergehen die Tage, bis ich über Heide und Hamburg
Nach Hause zurückkehr,
Wo alles noch so ist,

Als wäre ich niemals im anderen Deutschland gewesen.
Abends gehe ich ins Theater,
Um mir noch einmal mein Stück anzusehen.
Ach, welche Langmut
Kennt die Geschichte: seit fünfzig Jahren
Keine Veränderung, transparent
Schimmert die Hoffnung aus den Kulissen und
Kaum erreichbar.

Nördlich

Wenn der Mittag fast augenblicklich
Springt in das Abenddunkel des Tages,
Gleitet mein Dasein
Über das Eis zum Kanalwärterhaus:
Jetzt
Erkenn ich das Blechdach vom alten Gefängnis,
Wie für die Endgültigkeit präpariert,
Und Karlstads Kaufhäuserketten,
Weihnachtlich illuminiert.
Hinter mir rüstet Hedwig
Den Teetisch. Im Fernseher
Erkenn ich die Szene:
Fräcke, Orden und Bänder:
Jetzt
Empfängt William Golding
Den Preis aller Preise.
Ich richt meinen Blick
Aufs Dächermeer von Probstheida: Schnee
Fällt auf meinen Schreibtisch,
Mitten im Sommer, von Selmas Bronzefrisur
Fliegen die Tauben empor: eine Spirale,
Die sich zerstreut
Über allen Stadtteilen
Stockholms, Göteborgs und Uppsalas.
Doppelbödiges Leben: noch immer
Wart ich im Bahnhof von Malmö
Auf Anschluß zur Rückkehr ohne Gewähr,
Unterm Rascheln des Efeus
Endgültig nördlich orientiert.

Aufs Land

Mittagsstunde

Für Stephan Hermlin

Die Stimmungsbilder der Heimatfilme: beiseitegerückt, die alten Versatzstücke, wie ein altes Möbel, das ein Fresko verstellt. Widersprochen den Wirklichkeitsübertünchern, den Wahrheitsanstreichern, die dir nicht nur ein Wort in den Mund legen wollen, sondern ein ganzes Buch, in dem sich Jahrhunderte dicht überlagern als Tünche aus Halbwahrheiten und Lügen.

Da ist es gut, in der Mittagsstunde zu liegen und die Gedanken schweifen zu lassen wie den Schwanz einer Katze, die ihren Sprung vorbereitet.

Ja, spring!

Spring in die Mitte deiner Erinnerungen, als du noch ein Kind warst und der Vater mit dir in die kleinen Dörfer der Lausitz fuhr, Mehl zu ertauschen oder Kartoffeln im Hungerjahr sechsundvierzig.

Hier am Rande des Dorfweihers sahst du den Erpel die Ente besteigen, eine fröhliche Paarung. Wasserperlen, die Farben des Regenbogens verbreitend, sprühten über die Wasserlinsen, während der Vater dem Klostervogt ein paar Hunderter zusteckte und, einen Sack Schrot über der Schulter, zurückkam.

Ach, ihr Stunden am Klosterwasser danach. Und vor jedem Haus ein gekreuzigter Christus. Und hinter Glas in Blau und Gold das Lächeln der Mutter Gottes. Das alles im flirrenden Licht. Auf stieg die erste Ahnung bittren und süßen erotischen Zaubers. In eine transparente Wolke hüllte die Welt sich, so, daß der Blick sich von den Rauchsäulen löste und der Pfad durch die Trümmer zum Bahnhof sich in einen Wiesenweg wandelte, dort, wo die Mühle ihr Klippklapp schlug wie vor zweihundert Jahren.

Was ist davon geblieben?

Zum ersten Mal hört ich vom schlauen wendischen Knecht, der die Mittagsfrau überlistete, die Šćipata Marata, und sich seinen Teil nahm, bis der Stolpener Schinder den Steinblock, auf dem sie hockte, zum Czorneboh schleppte, wo er heute noch liegt.

Dies schreibe ich in einem Haus, fast ebenso alt wie die Sage. Nichts weiß ich von ihm und seinen Bewohnern, die tot sind oder verzogen. Im Keller ein Grabstein, weiß Gott, wie er dorthin gelangte, spricht von dem Sorben August Kirst, geboren 1886, gestorben im Jahr sechsundvierzig. Keine Papiere, nicht einmal ein Bauplan ist überliefert. Nur dieses Haus zeugt von sich selbst. Die in den Dachbalken eingeschlagenen Zeichen kann ich nicht entziffern.

Ich weiß nicht, ob sich Kroaten und Preußen nach ihrem Blutbad in Hochkirch über den Brunnenstein beugten. Auch ob nach der Bataille de Wurschen die Truppen des Korsen hier weilten, ist nicht überliefert. Aber es tröstet mich, daß nicht nur Granaten und Bomben am Bild der Geschichte gewebt und nicht nur ein Mordkommando peinlich genau seine Arbeit verrichtete, sondern auch ein Zimmermann seine Axt hob, genau den Span abhebend, so daß seine Spur noch gut sichtbar ist in den Balken über mir an der Decke.

Manchmal, wenn ich verzweifle an all den Alternativen zur Freiheit, wenn ich vergeblich im Traum an der Zellentür rüttle, wenn Panzerketten Wacholder zermalmen oder ein neuer Bericht mich erreicht über die Zielgenauigkeit der Raketen, so daß ich am liebsten mein Herz als Zielscheibe darböte, um Gewißheit zu haben, ob alles wirklich so schlimm ist oder noch schlimmer, scheint es mir doch, als ob die gefiederten Bäume auf einer Handzeichnung Botticellis wirklicher wären als meine Ängste.

Dann heb ich die Augen über den Horizont meines Tisches und sehe im flirrenden Mittagslicht wieder die Bilder, auf denen der Tod nichts Grausames hat, sondern daherkommt als Schnitter am Rande der sorbischen Heide, der seinen Krug und einen Brotlaib im Schatten versteckt hält und ruhevoll Schritt für Schritt seine Sense schwingt, um dem Mittag entgegen zu gehen, die Augen zusammengekniffen im Licht, das auch mich erreicht, der ich die Augen schließe, standhaltend der Flut der inneren Bilder.

Es ist nicht wahr

Es ist nicht wahr,
Daß der Wind weht, wo er will.
Und auch der Geist
Ist nicht ortlos. Das Wort
Beginnt zu erbleichen und stinkt,
Ein verfaulender Fisch,
Der nicht ausschwärmen kann.

Nur die Lüge verdoppelt sich schnell,
Eine Alge,
Das Leben erstickend.

Jetzt
Ist es noch nicht zu spät:
Tritt den Heimweg an über die Dörfer,
Wo in einem Fenster noch Licht brennt.

Eine
Hat sich hinübergetrunken
Auf ihrem langen Weg von der Angara zur Saale.
Ein andrer
Zählt seine Münzen,
Das letzte Bier zu bezahlen,
Bevor er den Zug,
Der schon einfährt,
Besteigt.

Dieser,
Ich weiß es,
Kommt an,
Wenn über der Wiese der Nebel zu steigen beginnt.
Die Sense geschultert,
Geht er über den Acker,
Im Auge das bleiche, erlöschende Licht.

Schwarze Tage

Schwarze Tage,
Selten durchheitert,
Wildwuchs ums Haus:

Gras,
Das gemäht zu werden begehrt,
Holunder,
Die Nässe anziehend,
Und dazwischen
Das undurchdringbare Nesselgeflecht
Nicht zu vertilgenden Unkrauts.

Putz fällt vom Gemäuer,
Dachziegel fehlen,
Und über allem
Der Schwarze Gott
Von seiner dunkelsten Seite,
Der Nebelpferde
Und Reizwörter schickt,
Aufgeschrieben
Sorbisch und deutsch.

Auf dem Tisch,
Alt, aber gut gezimmert,
Die Schreibmaschine von Seidel & Naumann,
Nachkriegsprodukt.

Aufgeschlagen
Hyperions Satz:
So kam ich unter die Deutschen.

Die kleinen Schatten

Die kleinen Schatten
Vor mir auf der Wiese:
Die übliche Eule flog auf,
Müde
Der ihr angewiesenen Rolle.
Die Wege umschlangen mich: ich sah
In die Ebene, goldenes Licht
Schlug seinen Schleier um mich,
Die letzten Häuser des Dorfes
Veraschten unter der Sonne.
Treu meinem Schwur,
Daß eine alterslos bleibende Seele
Nicht eines Zeugen bedarf,
Ging ich allein
In eine nicht benennbare Leere.
Wie soll ich
Wiederholungen meiden?
Wenn ich mich umseh,
Erblick ich des Traums
Strengeren Bruder
In einem erblindeten Spiegel.
Ich übe Verrat. Den Schatten
Zeig ich mich an, beschuldigt
Der mich
Umgebenden Nacht.
Am Morgen
Stöbere ich im Rest
Der durchstandenen Stunden.
Manchmal gelingt mir
Zufällig noch eine Geste,
Wenn das von Wörtern beengte Bewußtsein
Sich wiedererkennt
In den kleinen
Schatten vor mir auf der Wiese.

Der Hof

Der Mann hinterm Haus im Bienengewölk. Fernab die Straße, die nachts herüberdröhnt, Hungarcamion. Das Dorf, langgezogen im Tal, die Häuser frisch verputzt oder verfallen. Die Nähe der Kreisstadt, der Turm ihres Doms, zart hingetuscht, Silhouette. Der hundertjährige Hof, gepflastert. Kropftauben. Jetzt tritt die Frau vor die Tür. Mit einem Blick übersieht sie die gelbbraun gestrichenen Scheunentore, die neue Garage, davor das grüne Auto der Gäste.

Das Haus

Die Fahnen
Beginnen wieder zu klirren.

Hinter mir liegt,
Was ich gesehn
Und was ich besessen.

Geblieben
Ist dieses Haus:

Fachwerk, Lehm, Ziegel.

Dies und das
Hab ich gemacht
Und mich verbraucht
Im Hin und Her
Der Gefühle.

Das Haus aber dauert noch immer.

Es steht unterm Regen,
Es regt sich,
Wie je sich ein Haus regen konnte:

Denn lautlos verfällt es,
Wie alles,
Das lautlos zerfällt.

Der Abtritt

Geheiligter Ort, Altar
Nicht nur der Seele,
Durchlässigster Raum meines Grundstücks,
Mit Brettern verschlagen,
Mein Sachalin: o wie gern
Teil ich mit dir
Die Verbannung.

Das aber ists nicht allein,
Du, mein Muzot,
Mein reiner Widerspruch du,
Mit Sand und Ata gescheuert.

Lustvoll ist es zu leben,
Wenn man gut ißt und verdaut;
In deinen vier Wänden
Bin ich, Traumgehäuse, allein
Mit meinen Organen.

Hier schilt mich niemand,
Wenn ich an Weimar denke, den Saustall,
Wie Goethe ihn vorfand,
Und kein Eckermann
Hat IHN dorthin begleitet,
Wo ich oft bin.

Hier üb ich Geduld,
Ein letzter der Götter
Im Winkel des Gartens,
Und ersinne die Antwort,
Die mir gebührt.

Die Nacht

Die Nacht,
Eine dunkle Katze,
Streicht um das Haus.
Es ist Herbst.
Der Alkohol in uns erweckt
Die vergessenen Landschaften: Melancholie,
Meine Schwester, mit der ich schlief,
War ich es, der schrieb,
Daß das raschelnde Laub
Eines vergehenden Sommers
Herüberwehte ins Reich
Eines schon einmal
Gelebten Lebens? – Ach, wie so wenig
Bleibt von diesem Glück,
Dessen Namen niemand uns nannte.
Aufgezeichnet
Das Unglück der Äcker: rauh
Geht der Wind, wie ein Wolf,
Um das Gehege. Welch vergessenes Licht
Fängt sein Auge? Eingeschrieben
In ein Gedächtnis sind alle Strophen
Des unvollendeten Jahres:
Herodes,
Die Kinder von Bethlehem bitten
Dich nicht um ihr Leben – das schrie
Eine Stimme, als ich
An der alten Mühle vorbeiging,
Doch meine Kraft
Reichte nicht aus: denn schon
Standen sie um mich,
Schwarz wie die Wand,
Die sich auftürmt
Hinterm Gebirg.

O aufgestautes Jahrhundert:
Das nicht ablassen will,
Gleichgültig
Unter des Sterns
Untrüglichem Zeichen ...

Das geheiligte Öl

Wäre ich Pfarrer,
In Nostiz zum Beispiel,
Lebt ich vielleicht
Im Einverständnis
Mit meiner Gemeinde.

Hin und wieder
Zöge ich aus,
Möglicherweise nach Löbau,
Doch miede ich Bautzen,
Wo der Wind
Immerdar weht.

So aber gieß ich in Leipzig
Mein Öl auf die Lampe
Und wasch mir die Füße in Unschuld
Ohne allzuviel
Aufsehen zu erregen.

Was es auf sich hat
Mit meinen seltsamen Entdeckungen,
Die menschliche Seele betreffend,
Weiß ich nicht.

Das geheiligte Öl meiner Maschine
Hält meinen Motor in Gang
Und mitunter auch den
Meiner Freunde.

Kommt doch, ihr alle,
Die ihr mühselig seid und beladen:
Seht,

Ich sing meinen Psalm
Über Brot und Tabak.

Ich bin keiner Gnade teilhaftig,
Außer jener vielleicht,
Nicht Pfarrer in Nostiz (Kreis Löbau)
Zu sein.

Stille

Die Turbulenzen des Sommers,
Das ewige Kommen und Gehen,
Die Wörter,
Verloren zwischen den Stämmen.

Über den Wald kam das Licht
Und ich begriff,
Daß niemand
Um seiner selbst willen
Geliebt wird.

Mit dem Regen
Kam auch die Stille:
Die Nacht fiel,
Ein Stein,
In eine ungemähte,
Vergilbende Wiese.

Nachtprogramm

Das Leben denkt sich weiter,
Und wenn die Telefone schon schlafen,
Sorgt sich die Seele allein.
Die Müdigkeit
Hüllt sich in Balzacs alten Schlafrock.
Die Katze geht auf den Strich,
Die Fledermaus wirft sich
Den Domino um: das
Ist das Nacht-Leben hier,
Wo sich das ungeborene Kind
Umdreht, um weiterzuschlafen.

Einzig der Maulwurf in meiner Brust
Gräbt und gräbt, dagegen
Ist nichts zu machen. Nacht für Nacht
Bin ich mein eigner Transistor,
Denn es kommt darauf an,
Zu Ende zu hören,
Was noch gar nicht begann.

Ach, es ist seltsam um uns bestellt,
Die wir uns unseres ersten Schreis nicht erinnern
Und unseren letzten
Seufzer nicht hören werden. Der Tod,
Ein Marder, huscht übers Dach,
Unfaßbar und listig. Aus einer Tasse mit Goldrand
Trinkt sich der Tag
Mut an. Sozialdemokratisch
Klingeln die Lerchen,
Des tapferen Schneiderleins
Fliegende Steine.

Steh auf,
April, Mai und Junius
Sind vorbei, warte nicht länger
Auf bessere Zeiten, ruf
Dein tägliches Heureka und tritt aus dem Klee
Deiner unverlangt eingesandten
Manuskripte (Rückporto
Nicht zu vergessen!) und hoffe,
Daß dich um zehn
Nur der Briefträger weckt.

Fachwerk, instandgesetzt

Meine Interessenlage entspricht
Nicht mehr dem Zustand
Thüringischer Gehöfte:
Denn meine Verse zerfallen
Mehr und mehr
In ihre Bestandteile;
Schon meine Kinder und Kindeskinder
Werden nicht mehr entziffern,
Was ich dechiffrierte.

Also diese Gehöfte in Kochberg,
Instandgesetzt,
Um beim Thema zu bleiben,
Fachwerk, geteert,
Die Felder verputzt,
Vorgärten, in denen
Silbertannen Wache stehn,
Sind kein Vergleich.

Mit schwarzen Buchstaben
Auf weißem Papier
Bin ich von Strophe zu Strophe gesprungen,
Noch immer verpflichtet
Auf die jetzt immer mehr
Verblassende Scheu
Vor Vergessengeglaubtem.

Ich habe kein Fachwerk errichtet,
Sondern in Stakkatosätzen
Den Gruß formuliert
An das Geheime Konzil,
Den Parteitag,
Den Club of Rome,

Die Weltbank und
Die Synode.

Angesichts dieser Höfe
Weiß ich, daß nur noch gilt,
Was ich überliefre,
Chronist, der ich sein wollte, Erbe
Verschiedener Testamente,
Mit Feuer geschrieben
Ins Tal, wo ich wie ein Kind
Mich zwischen den Häusern verirre.

Fachwerk, instandgesetzt,
Immobile Metapher,
Selbst naheliegende Dinge
Werden durch Punkt und Komma getrennt,
Bis sich das Schweigen
Zwischen zwei Buchdeckeln
Sammelt.

Erinnerungen an W.

Die Natur übte mit uns Geduld.
Auch die Liebe
War manchmal zu Gast
In den brüchigen Wänden.

Als der Wind den Schnee
Durch die Lehmwände drückte,
Schürt ich das Feuer
In der Gleichgültigkeit
Von Tag und Nacht.

Als du kamst,
Sahn wir durchs Fenster
Im wirbelnden Weiß
Die roten Lichter des Wagens,
Den keiner zurückrief.

Wir erinnerten uns
Der verknoteten Stämme im Gras:
Hinter den Zäunen
Braute der Sommer
Sein bitteres Bier.

Am Waldrand
Peitschte ein Schuß,
Wir waren gefordert,
Auf das Gewitter zu warten.

Im Tal stieg der Fluß,
Ein Schwarzstorch stand eines Morgens
Inmitten der Flut.

Im Gleichmaß der Tage
Trat kaum noch jemand über die Schwelle,
Es sei denn ich selbst,
Um Abschied zu nehmen
Von mir.

In aller Stille

Thema

Lebenslänglich
Von Zeile zu Zeile gesprungen,
Treffend gezielt
Mit Widmungen, die
Den Toten gleichgültig sind und
Den Lebenden
Fremd.

Für all das
Gibt es kein näheres Zeichen,
Es sei denn
Ein Gleichnis,
In Worte gefaßt.

Die Kurzformen
Sprechen für sich,
Das Salböl freilich
Bleibt aus.

Poesie

Poesie, der Dichtung Kadaver,
Was willst du von mir? Gott,
Wenn es ihn gäbe,
Hülfe mir nicht aus der Not.
Die Weichen sind schon gestellt.
Ein Zug
Mit der Farbe des Blitzes
Fegt durch mein Bewußtsein,
Wehendes Haar,
Das sich in Drähten verfängt.
O wäre ich Papst
Auf der Fahrt in das Land,
Wo schwarz dir, Maria,
Die Stirn ist:
Ich würde nicht gläubig an dir,
Nur tastend hülfe ich dir
Aus der Not
Deiner siebenundzwanzig
Vergeudeten Jahre. Nimm
Den Schleier und bete
In deiner verschlossenen Kammer: vielleicht
Kommt der Herr und sagt dir den Namen der
Freiheit:
Verstehen Sie, Frau,
Es ist alles anders,
Die Werte sind kontrafakturiert,
Dein goldner Strahl
Fixiert die Gleichheit der Massen. Alles
Will jetzt ans Licht
In Lucifers Namen.
Vergeh und vergiß
Deinen blutenden Schoß.
Du wirst einer Grablegung beiwohnen, dann
Kommt nichts mehr und du
Wirst aufgehn im Dunkel.

Alltäglich

Wie immer:
Mangelhaft
Vorbereitet fürs Leben,
Der heimlichen Ängste
Immer gewärtig, vormittags schon,
Nach dem Frühstück,
Beim Lesen der Zeitung,
Dem Öffnen der Post oder
Beim Auffinden einer längst
Vergessenen Fotografie.

Was ich geliebt habe,
Lebt, und es blutet,
Gegenwärtiger
Als je vermutet,
Und die Hand, die einmal
Darüber hinwegstrich,
Sie zittert.

Die Bäume sterben,
Es stirbt, was wir lieben,
Unaufhörlich in uns,
Im Schatten
Der einmal geflüsterten Worte,
Wenn der Schmerz kompromißlos
Die Liebe zerstört.

In memoriam Tibor Déry

Ich kann nicht mehr anders und wundre mich selbst
Über den Mut, der mir zuwächst.
Eitelkeit, sage ich, Selbstsucht,
Und weiß doch im gleichen Moment,
Daß Henker ich bin und Opfer, Beil,
Das zuschlägt, und Blutstock.
Genug,
Sag ich zu mir,
Laß andere machen das,
Was du tun willst. Aber in mir
Mehrt sich die Selbstsucht: Tu, was du tun mußt,
Galliger Sprößling lang schon Enterbter:
Dieses Geschlecht
Weiß nur noch nicht,
Was auf es zukommt.
Der greise Dichter
Spricht ohne Hoffnung, erinnert
Sich seiner Zeit, raucht
Und spricht von der Gegenwart,
Als sei diese längst schon vergangen.
Das, denke ich noch, ist die Wahrheit:
Kein Weg in die Zukunft.
Doch was ich empfinde,
Macht mich nicht froh.

Gedicht auf Gedicht
In diesem kühlen
Und doch schwülen Sommer:
Vergiß,
Daß du sterblich bist
Und auch den Gedanken,
Daß alles sich wiederholt.

In andrer Gestalt
Kommen des Nachts
Die alten Lemuren.
Ach, Weisheit,
Wer hat sie? – Brecht
Ist gestorben
Und andere mit ihm.
Déry ist tot! –
Drei Jahre Gefängnis!
Die Wahrheit, die Wahrheit!
Schrei ich im Traum,
Und halt in den Händen
Die längst schon zerfallene
Bittere Lüge.

Gedanken,
Schlüssig wie Blei,
Wie der Strick,
Der dich hochreißt! –

Nein,
Das ist es nicht:

Der Tod
Kommt auf vielerlei Arten, heute
Versteht man zu töten,
So,
Daß kein Blut fließt.
Nur die Schmerzen, Genossen,
Sind noch immer die gleichen.

Wovon leben wir denn

Wovon leben wir denn? Doch nicht
Von Brot und Kartoffeln allein,
Und nicht nur von diesem Stück Butter
Und der Zwiebel, dort auf dem Tisch.
Wovon leben wir also? – Um das zu ergründen,
Werde ich aufstehn aus schlafloser Nacht,
Und mit dem letzten Streichholz
Die letzte Zigarette anzünden,
Um eine Brücke zu baun, und gliche sie nur
Der von Avignon.
Aber ich werde nicht tanzen, denn nur die Toten
Führen den Reigen im Tango des Witwers.
In diesem versammelten Schweigen
Beginnen die Maulwürfe in meiner Brust
Ihre Arbeit. Und ich
Führe wieder den Dialog
Mit meinen Mißverständnissen, dann pokere ich
Mit den Verstorbenen an meinem Tisch
Um die nächste Tasse Kaffee, die mich wachhält,
Um weiterzuschreiben.

Credo

Nichts ist eingelöst
Von allen Versprechen:
Wie Herbstlaub raschelnd
Treiben die Worte.
Allzu sicher der Zukunft,
Glaubten wir unsern Propheten:
Wir sahen das Bild Ho Chi Minhs
An der Mauer der Föderierten,
Den Zug der Millionen
Auf der schmalen Rue de la Roquette,
Das Blut der Fahnen,
Die den Erdball umspannten –
Wir opferten es
Wie ein Getränk,
Und in dem Gefäß
Schwappte die Zeit.

Der Mond aber schwebte als Kugel,
Unbeteiligt an allem,
Über dem Ettersberg,
Den Moscheen von Damaskus,
Den Türmen des Kreml.
In den Kellergewölben
Von St-Germain de Prés
Die marxbärtigen Studenten,
Die Algerier in den Hotels
An der Place du Panthéon –
Wer führt sie
Und welche Gewißheit
Läßt sie überleben?

So viele Antworten,
So wenige Fragen!

O Charlemagne, stiegst du
Aus deiner Gruft,
Du sähest die Reiche der Erde
Zu deinen Füßen wie Christus.
Aller Zeiten Gewißheit, der Mensch,
Trägt er Dornenkrone und Kreuz
Dem Berg Golgatha zu
Noch immer und immerwährend
In aller Ewigkeit?

Wissen ist wenig. Und unausrottbar
Der Blutdurst: Mein,
Spricht der Herr, ist die Rache,
Aber kein Gott,
Kein Kaiser und kein Tribun
Führt uns aus dieser Gegenwart,
Die unser Kreuz ist.

Und wohin wird gehen die Kunde,
Daß ich dabeigewesen,
Als der Mensch noch dem Menschen
Ein Mensch war? –

Wir

Wir haben den Wolf erschlagen,
Den Bären, den Elch.
Wir vermissen sie nicht.
Wir haben uns daran gewöhnt.

Wir haben den Salamander vertrieben,
Den Molch und die Otter.
Wir vermissen sie nicht.
Wir haben uns daran gewöhnt.

Die Tannen sind uns gestorben.
Der Fingerhut blüht nicht mehr in den Wäldern.
Seht euch die Fichte an und die Kiefer:
Bald werden wir ohne sie leben.

Im übrigen hat man den Menschen erschlagen.
Die die Toten zählten,
Haben sich daran gewöhnt.

Wir überlebten.
Doch wir vermissen schon bald
Nicht mehr, was wir überlebten.

Wie wird das sein,
Wenn wir unter uns sind:

Allein,
Namenlos,
Unbehaust,
Unbegraben.

Prometheus

Die Götter lieben die Kunst:
Lorbeer und Preise
Für Feuerschlucker,
Seiltänzer, Tenöre,
Gar nicht daran zu denken,
Daß leer ausgeht,
Wer zu singen bereit ist
Jegliches Preislied.

Also schuf ich dieses Geschlecht
Nach meinem Bilde:
Atmend bis in den Tod
Und redend in allen Zungen
Bis in das Grab.

Sie brannten mir dafür
All ihre Orden
Dankbar auf meine Brust,
Dann riefen sie:
Kreuziget ihn!

Hier stehe ich nun,
Beladen mit ihrer Schuld und sehe,
Wie sie, mit sich uneins geworden,
Gierig trinken
Aus Pandorens Büchse.

Nicht sehend geworden,
Spotten sie
Mit ihren Erfindungen
Noch des Todes:
Der sie, wie mich, nicht erlöst,
Denn er ist nicht Feuer und Asche, er,

Der jenseits von sich
Und dem Ruhm steht.

November. Der Tag,
Ein kippender Spiegel,
Erhellt noch den Mittag.
Der Rest
Ist Hoffnung, ein
Winziges Flämmchen,
Das mich verbrennt.

In alle Winde zerstreut, wer
Wird mich sammeln? Ich gehe
Den Weg allen Fleischs, mit mir
Nimmt es ein Ende, ein Ende
Vom Anfang.

In aller Stille

Sonnabend abend: das Land
Schweigt, schweigt noch immer.
Auch der Papst
Fährt nicht nach Beirut,
Sondern schickt Mutter Theresa.
Da sitzt der Besamer
Mit seiner Besamten
Vor seinem Stück Elektronik
Und sieht die Revue
»So ist das Leben« (das ihm
Gnädig gewährt wird.)

Danach
Verkündet ein bärtiger Kommentator
Das Credo des Abends
Für alle
Ackerbauern und Bürger.
Müde
Wälzt sich die Nacht
Auf die andere Seite.

Nein, Deutsche,
Ihr habt nicht gelernt,
Das Unsagbare sagbar zu machen:
Euer Auschwitz,
Euer Theresienstadt,
Eure Himmlers und Heydrichs
Und eure Jugend,
Die sich selbst auf den Arm nimmt –

Nein, es geht weiter,
Sancta Simplicitas, alles
Ein einziger Kommentar

Zu dem Kontinuum,
Aus dem
Nichts gelernt worden ist
In aller Stille.

Psychogramm

Der Alkoholismus in seiner sanftesten Form:
Die Flasche Rotwein unter dem Aufwaschtisch, dann
Kommen härtere Sachen, sagt Karin S.,
Patientin der Klinik für Psychiatrie und Neurologie, Station 5.
Man fand sie
In ihrer Badewanne, Neubau, dritte Etage, bewußtlos,
Neben der Wanne die Heizsonne, eintausend Watt, ein-
Geschaltet, dazu bestimmt, mittels Stromstoß
Ihrem einsamen Leben ein Ende zu machen.
Männer?
Sagt sie jetzt sanft, Männer
Hat es gegeben, nie wieder.
Sie besitzt einen Fernseher, Farbe.
Wenn das Programm
Seinem Ende zuging, befiel sie manchmal ein Zittern,
Dann sah sie sich um in ihrer Einzimmerwohnung:
Alles in Ordnung, kein beschmutztes Geschirr,
In der Schlafcouch
Das Bettzeug, tadellos weiß. Später,
So sagt sie, hat sie weniger
Auf Ordnung geachtet. Es kamen
Auf sanften Sohlen allerlei Tiere des Nachts
In ihre Wohnung: kleines Raubzeug, Iltisse, Marder,
Später dann Bären und Wölfe, die sie beschliefen
Mit sanfter Gewalt. Ihre Orgasmen
Waren nicht heftig, doch immer noch besser als die,
Welche die Männer zuweilen erzeugten.
Der Arzt, ein geduldiger Mann,
Hört sich verlegen ihre Erzählungen an.
Und das Berufsleben? fragt er. Ach,
Da ist nicht viel zu vermelden, immer das gleiche:
Drei Jahre Studium, Fachschule, dann
Allerlei Stellen, zuletzt

In einem Büro für Rationalisierung, BMK, früher
Schrieb ich Gedichte, Sie wissen ja: solche,
Alle verbrannt. Mit Nachsicht
Lächelten ihre Kollegen, zumal die ältren,
Die nichts von ihr wollten, die jüngeren noch
Versuchten es hin und wieder: in einer Kneipe
Nach Feierabend, dann
Brachte sie einer nach Hause oder
Versuchte es auch schon im Park; wenn es klappte,
Verließ er sie an der Bushaltestelle.
Dann lief sie,
Zumeist nicht mehr ganz nüchtern,
Über die Peißnitz zu ihrem Betonsilo, schaltete,
Wenn es noch Zeit war,
Den Fernseher ein, Farbe, und sah
Dem Programmschluß entgegen. Und, wie gesagt,
Ein leises Zittern, schon damals,
Suchte sie heim. Am schlimmsten
Waren die Sonntage, früh schon.
Oft blieb sie im Bett, aß nichts oder nur wenig, wartete
Auf den Beginn eines Fernsehprogramms,
Auf den Montag, der kam
Wie ein verheißenes Land, bis auch das
Aufhörte und sie auch am Montag im Bett blieb
Mit schlechtem Gewissen, den Wecker
Unter dem Kissen. Nun,
Da beruhigt wird ihr vermeintlich schlechtes Gewissen
Mit Tabletten und Therapie,
Versichert sie allen, die danach fragen:
Bald werd ich entlassen, dann fang ich von vorn an.

Aus dem Chinesischen

Der sich verpflichtet fühlt, der
Mit geringem Wissen die anderen aussticht,
Der uns den Ring ölt an der Schaukel,
Daß sie nicht knarrt, mit dem
Wir uns unterhielten
In ausgeborgten Sentenzen,
Weil andres nichts fruchtete,
Der uns bewies,
Es sei nun Zeit,
Endlich zu denken wie er,
Der als Apostel erschien,
Mästet sich nun
Vom Abfall der andern.

Die Vergangenheit
Hatte er so redigiert,
Daß sie in seinen Streifen paßt,
Mit der Zukunft
Saß er im Bunde,
Mit geschwollener Zunge
Lallte er, wie es Brauch war.

Er wurde gewählt
In die höchsten Ämter, sein Haus
Wurde vergrößert, der Ortstiger selbst
Trank mit ihm und sie einigten sich,
Einander am Ruder zu halten. Andre indessen
Prüften die Dauer vergänglicher Wände,
Während er sich
Im Spiegel sah: verfettet,
Der vorgeschriebenen Wahrheit
Geopfert, ein Mastvieh
Von seltenen Gnaden.

FF

Wir sind natürlich ganz schön undankbar
Und wallfahrn nicht zu seinen Apfelbäumen.
Ich weiß zum Beispiel nicht mal ganz genau,
Wo er jetzt wohnt, und stell mir vor:
Im Norden irgendwo, wo sich die Gletscherzungen
Allmählich auf ihn zubewegen, aber das
Kann auch ein Traum sein, wie so vieles (leider
Sind unsre Träume, jedenfalls die schlimmen,
Ja bisher alle Wirklichkeit geworden).
Gourmand, Asket, Christ und Buddhist,
Mohammedaner, Vogel und Delphin:
Kommt er dort her, wohin er geht?
Serapionsbruder, Kinogänger,
Eine Legende, welche Grüße sendet,
Mittrinker an den Tischen, an denen
Er nie gesessen hat:
Den haben wir,
Den haben wir auch nicht.
Den seh ich selten: Wenn ich komme,
Ist er gerade dagewesen
In Leipzig, Dresden oder Budapest.
So geht er über Schwellen, die ich nie
Betreten werde, die grad Geborenen
Lallen schon seinen Namen und die Nachgebornen
Haben genau so viel mit ihm zu tun wie wir:
Franz, Dädalus, Proteus, Prometheus undsoweiter –
Wie konnten wir denn ohne dich nur leben?

Leben E.s

Aus einem Keller in den Almstadtstraßen,
Umschmeichelt von Gekatz, am Pfahl geschlagen,
Sehr früh geweckt durch Unglücksboten,
Befragt er den tractatus logicus
Am Niederrhein verzweifelt: Omnibus,
Wenn rings die Kugeln pfeifen, ach, ihr Toten,
Flieht er die Stadt, sich rauszuschlagen
Aus engen, schwelenden Gelassen.

Wer nie gelernt hat, sich beim Schopf zu fassen,
Und niemals, richtig nein zu sagen,
Wer niemals kannte seine Einsatzquoten,
Der schweige jetzt. Doch wer den Fuß
Über die Schwellen setzte, ja, der tu's
Mit ihm, der mehrfach von den Toten
Erstanden ist und niemals einen Wagen
Sein eigen nannte, doch vielleicht zwei Tassen.

Wenn um ihn klingeln alle Kassen,
Wenn alle schwer am Wohlstand tragen
Unterm Gezischel ungezählter Zoten,
Trägt er den Sarg, weil er ihn tragen muß:
»Dir, toter Kommunarde, meinen Gruß!«
(Hätt man Rimbaud zu dir gesandt als Boten,
Du würdest nicht eine Sekunde klagen
Über die Sattheit träggegessner Klassen!)

Gemischt aus dem Extrakt verschiedner Rassen,
Zerstört von Krankheiten und Plagen,
Gefordert, sich sein Leben auszuloten,
Manchmal erregt von Ehrgeiz und Genuß,
Markiert von Trauer, Ekel, Überdruß,
Geht seinen Weg er durch die Moden,

Um immer wieder seinen Sprung zu wagen
Und sich den Berg hinunterrolln zu lassen.

Situationsbericht

Wie gerne schriebe ich Kritiken,
Denn die Seele verlangt
Nach ihrem inneren Gleichgewicht: raus
Aus dem Burgfrieden, laßt uns
Die Dolche zücken und
Einander ins Herz stoßen, Brüder!

So aber gleicht alles
Der lauen Johannisnacht: Glühwürmchen
Zeigen einander die glimmenden Bäuchlein:
Ich du er sie es schreiben, hier
Darf jeder einmal
Sein Licht leuchten lassen, das
Wird ihm keiner verübeln.

Wachsam lauscht der Herr Lektor
Dem Ticken des Weckers: sechzehn Uhr,
Feierabend,
Die Manuskripte geschlossen, herauf
Mit der Jalousie
Und den Trabant angelassen.

Die Papierkontingent-Zuteiler
Teilen sich mit: Rundläufe
Um den geheiligten Exportplan.
Währenddessen reden die Dichter
Hinter geschlossenen Türen
Über den Frieden.

Und ich;
Der ich bisher nicht unter-
Und auch nicht umzubringen war?
Ach,

Wie gerne schriebe ich Kritiken:
Die Bücher von morgen
Sind die Taten von heute:
Restauflagen,
Billig zu kaufen
Im MODERNEN ANTIQUARIAT
Um die Ecke.

Mit annähernd fünfzig

Mit annähernd fünfzig sollte man seinen Stil gefunden haben, oder es ist etwas schiefgegangen.

Man sollte an einem Roman arbeiten, Jahr für Jahr nicht mehr als einhundert Seiten, acht bis zehn Jahre lang, im Grunde nichts anderes als das Protokoll eines noch nicht zu Ende gelebten Lebens.

Daß man so viel zurücklassen muß an Leid, Eingriffen ins innere Leben, die unverdrängten Bilder der Toten, die an den Wegrändern lagen, hat für die Nachwelt keine Bedeutung.

Und überhaupt: Was heißt denn schon Nachwelt? Möglicherweise hat dieses Wort überhaupt nur noch einen Sinn im Zusammenhang mit der aus dem Sack gelassenen Katze.

Während der Völkerwanderung wurde der Liebesakt stehend verrichtet: die Frau hielt sich am Wagenrad fest, während der Mann sie von hinten begattete.

Nur ein Gedicht kann noch immer Unvereinbares in sich vereinen.

Und schließlich reicht es ja auch aus, wenn einer ordentlich formuliert, was ein paar andere angeht.

Erklärung

Die schöne Rundung, die das Auge greift, die Hand,
Die sieht, Organ, das schmeckt und fühlt:
Hier ist auf dem Papier, das Strich und Fläche trägt,
Das, was den Menschen menschlich macht
Im Widerspiel von Frau und Mann.
Fleisch ist nicht Fleisch. Und Haut nicht Haut.
Und doch ist Fleisch auch Fleisch und Haut auch Haut:
So wie Papier Papier ist und das Wort ein Hauch.

Die Zukunft liegt noch hinter uns

Nicht Gras überwuchs das Vergessen,
Sondern, unzulänglich verfugt
Mit Leichtmetallbändern, Beton.
Dahinter versteckt
Die Rähnitzgasse: Knicks,
Die das Aug nicht ermüden.

Der kleine Platz
Vor der Dreikönigskirche,
Von Baubarrikaden verstellt,
Tage der Commune, windstill,
In Dresden-Neustadt, o
Drapeau rouge!

Zu gegebener Stunde
Auf genormtem Gestühl:
Karikaturen, ohne Anspruch
Auf Vollständigkeit,
Du, mein Daumier: Wortkaviar
Für dreihundert
Mit nichts
Geladene Gäste.

Die ad acta gelegten Ideen
Preist ein Professor: hier
Darf sich jeder einmal
Zum Weltveränderer
Hochstilisieren.

Nein,
Die Dichter lügen zuviel,
Diese Moral-Trompeter
Von Säckingen.

Immer sind gleich Millionen umschlungen,
Den Kuß der ganzen Welt zu empfangen,
Wo sie doch nur
Der Salamander aus Weißenfels reibt.

– Ein Opus weniger, meine Herren!
Hier also bin ich,
Wo ich nicht sein will.

Daß die Geschichte hier stillsteht,
Wäre tatsächlich gelogen:
Wenn die Kunst tot ist,
Schweigen die Musen. Demnächst
Werden die Bücher
Von hinten nach vorn gelesen, und wir
Werden wieder bei Josef zu Gast sein,
Um andächtig dem Gespräch der Karausche
Mit dem Kaulbarsch zu lauschen.

Die besten Satiren
Sind schon geschrieben.
Die Zukunft liegt noch hinter uns,
Denn es ist dafür gesorgt,
Daß uns nichts überholt, es sei denn
Herr Kafka aus Prag,
Als Landarzt verkleidet,
Um im Blockhaus in Dresden
Einen Vortrag zu halten
Über die Folgen
Nicht wiedergutzumachender
Erfolge.

K.s gedenkend

Auch Sie, lieber K., sind einer
Von jenen Dichtern, deutsche genannt.
Wir schrieben uns oft und sprachen
Mit unseren von allen Erfahrungen dieser Zeit
Belegten Stimmen. Leben wir noch?
Ich fragte mich oft, was Sie in B.
In Ihrem schönen von Ihrer Frau und einigen Katzen
Belebten Hause so treiben. Sie schreiben?
Ja, das ist schon viel. – Es schreiben
Die Sorben, die Deutschen, die Tschechen,
Die Polen, die Letten, die Litauer.
Sie schreiben und schreiben. Vom Dach
Steigt Rauch, schrieb ein Dichter,
Den es in Ihre Gegend verschlug, wäre er nicht,
Wie trostlos wären jetzt Garten und Haus.
Das Jetzt ist ein großes Gelaß,
In das wir eingesperrt sind. Flugzeuge älterer Bauart
Bringen Sie oft in fernere Länder, Angst
Zerrt an den Nerven, übrigens nicht nur an Ihren.
Lenin, mit Katze, dachte wie Sie,
Wenn Sie an Lenin mit einer Katze
Denken. Ist das schon alles? Ich weiß nicht.
Doch die Propheten gehen zum Berg.
Oder geht der Berg zum Propheten? Hoffnung,
Sagte mir neulich ein Freund, der es weiß,
Ist eine Kategorie. Und Schwarz ist nicht schwarz,
Weil Weiß niemals weiß ist.
Aus dem Brunnen des Mannes, den Sie nicht mögen,
Steigt der raunende Imperfekt. Aber vielleicht
Ist die Vergangenheit doch
Einzig allein das,
Was wir lieben?

Absichten

Mit Taschenspielertricks
Erwerbe ich mir
Die täglich notwendigen Dinge.

Weil ich entbehrlich bin,
Thronen die, die sich für unentbehrlich halten,
Vor mir.

Ab und zu
Bekomm ich die Abrechnung zugeschickt
Und entziffere
Meine Aussichten.

Meine Absichten
Sind nicht gefragt. Meine Fragen
Warten schon lange nicht mehr
Auf ihre Antworten.

Ich hege in mir den Verdacht,
Daß der kleine Mann
Wieder im Kommen ist.

Ich würde gern
Auf mich verzichten, sähe ich nicht,
Daß der Unterschied zwischen Arm und Reich,

Zwischen Ohnmacht und Macht
Nicht geringer wird. Also
Schreib ich zwischen Angel und Tür

Meine Gedichte über die Sprachlosigkeit derer,
Die ihre Stimme
Abgeben, wenn es gewünscht wird.

Der schöne Tag

Der schöne Tag

Ich halte die Fenster geschlossen.
Im Halbdunkel lebend, leugne ich nicht
Die Seele und ihre Formen.
Aber das Nichtstun bewährt sich nicht mehr
In der schönen romantischen Weise.
Die Sinnlosigkeit dieser Welt
Begriffen zu haben, nennt einer Gnade.
Da streit ich lieber mit Gott,
Während sein Atem ums Haus geht,
In dem ich liege und wart auf die Nacht:
Unermüdliche Arbeit.

In den Ruinenstädten des zweiten Weltkriegs

In den Ruinenstädten des zweiten Weltkriegs
Leben wir immer noch, immerhin:
Wir haben einiges aufgebaut, auch
Eine Stadt rings um die Stadt, so
Als bereiteten wir uns
Auf den endgültigen Exodus vor. Auch
In den ehemals besseren Vierteln
Steht es nicht besser, immerhin
Blühen hier Blumen und Bäume noch immer,
Auch wenn der Braunkohlenbagger täglich ein Stück
Näher kommt und das Pfeifen der Lokomotiven
Unseren Schlaf stört,
Bis wir auch das nicht mehr hören.
Denn daß uns Hören und Sehen vergehe,
Scheint beschlossen. Ich weiß,
Daß das, was ich hier schreibe,
Noch kein Gedicht ist, sondern
Vielleicht nur ein Baustein
Für eine Chronik, die noch geschrieben werden muß und
Die keiner schreibt: Flieh
Deinen Schreibtisch, flieh
Vor der täglichen Aussicht, flieh
In die Frauen, die Gräber, aber vergiß nicht:
Wohin du auch fliehst, deine Gebeine
Zerbricht dir der Bagger
Am Morgen des Jüngsten Gerichts, Lokomotiven
Singen den Psalm der Fossilien. Wir
Sind umstellt und zehren
Von unserer Aussicht, Lochstreifen
Flattern im Aufwind
Der Zukunft entgegen.

Spaziergang

Als ich durchs Rosental ging,
Standen die Bäume Parade.
Die Erde, ein freundlicher Stern,
War das, was ich suchte.
Doch die vertriebenen Paradiese
Blühen jetzt anderswo:
Ich sah übern Zaun in den Zoo,
Wo die zu Paaren getriebenen Tiere
Die Köpfe senkten, Drachen
Trieben im Winde,
Hinter dem Scherbelberg
Grüßte der Froschteich,
Doch als ich näher kam,
Erkannt ich den schwarzen
Stinkenden Tümpel, ein Wind
Von der Kläranlage ergänzte
Vortrefflich die Szene. Dort,
Wo die Kleingärtner hausen,
Zwischen Kürbis und Sellerie, Rettich und Aster,
Brach keuchend aus Buschwerk hervor
Eine Rüsselmaske im Tarnanzug, ihr
Folgten andre Gemusterte, sie
Übten das Überleben.
Über die Dächer von Wahren
Rollte die schreckliche Sonne.

Vergessene Stadt

Nicht nur die Toten
Wohnen in dir, Stadt,
Die zwischen den Hügeln
Sich sammelt.

Die Neuzeit
Rüstet sich hinter den Mauern
Der wiedererstandenen Oper
Mit Botschaften, die
Nichts Gutes verheißen.

Abtrünnig geworden
Ist mir deine Sprache
Der Vorstädte, die vergeblich
Versuchen, ihr altes
Geheimnis zu hüten.

Ein Karussell
Dreht sich wie vor
Dreißig Jahren.

Die Wälder der Kindheit –
Der Zeit angepaßt:
Exportreifes Holz
Lagert am Wegrand, ich geh
Und zähl die Erschoßnen
Vom Roten Teich.

Wie der Fluß
Zieh ich davon,
Der Ebene entgegen: hier
Zwischen den Schrebergärten
Bin ich geborgen: im Schlamm,

Unter den Wolken, hier
Decodier ich
Mein Dasein.

Die Bücher
Stehen in Reih und Glied,
Hier
Treffe ich diesen und jenen,
Der mir berichtet,
Daß auch er nicht mehr weiß
Als das, was ich schon wußte.

Hochgerühmte Artisten
Blicken bedeutend
Auf mich herab:
Ihre Namen und ihre
Strenggerahmten Gesichter
Kenne ich aus der Zeitung.

Im Dschungel der Auwälder
Rings um die Stadt
Würde ich gern
Mein Dasein fristen, unbeteiligt
An den Geschäften
Der Ämter.

Ich weiß,
Daß die Zukunft denen gehört,
Die Aphorismen verfassen,
Ich aber
Habe mich festgelegt
Bis zum Jahre zweitausend.

Die Stimmen

Der Trauermarsch
Schlingt sich um die Erde,
Ein endloses Band.

Wo sind die Stimmen
Derer, die sprachen,
Sind sie im Wind?

Im Trauerzug
Gehn die besorgten Gesichter: Wer
Ist der nächste?

Tausendjährige Reiche:
Ein Stummer hat sie verkündet,
Ein Blinder hat sie gesehn,
Ein Tauber von ihnen gehört.

Des Tods Majestät:
Sire, geben Sie, Sire,
Einem Toten Leben,
Einem Lebenden Macht.

Und bitte: Gehen Sie weiter,
Nur im Vorwärtsschreiten
Geht alles so weiter,
Schritt
Für
Schritt.

Ferner Osten

Eine Dichterin nannte sie Flocke.
In H., wo es nach Kohlenrauch riecht, der krank macht,
Lernte sie unsere Sprache. In unserer Sprache
Wurde sie krank, unsere Sprache sprechend,
Trank sie in unserer Sprache.

Wenn wir sterben,
Sterben wir an unseren Erinnerungen, unsere Krankheiten
Sind unsere Erinnerungen an die Krankheiten andrer.

Der Tod ist eine Krankheit in uns.
Wir sterben am Tode. Der Tod in uns
Ist die Krankheit, an der wir sterben.

Der Tod in uns lacht. Er lacht
Das Lachen in uns. Das Lachen in uns
Ist das Leben, von dem wir träumen.

Der Traum in uns ist das Leben des Todes.
Davon lesen wir,
Reden wir,
Schreiben wir.

Das ist zu begreifen.

Das ist nicht zu begreifen.

Das ist alles.
Das ist
Das.

Die Träume am Nachmittag sind die schlimmsten

Die Träume am Nachmittag sind die schlimmsten:
Ich sah dich weinend in blutigen Tüchern,
Wie du in deiner Wohnung hin- und hergingst.
Ich wußte nicht, was geschehn war, die Fenster
Waren zerbrochen, über den Straßen
Das bittere, immer gleiche
Licht dieses Mittags, antikisch versteinert.
Unvereinbares schien sich zu treffen.
Die Ahnungen sind in uns, außer uns
Vollzieht sich, wie immer, das nicht mehr Geheure.
Jahrtausende sind nur ein Spiel, wie gehabt.
Und spielerisch auch
Gleiten die Zeiten in uns ineinander.
Der Liebende stürzt in die Geliebte, immer das Spiel
Mit den Tüchern, alles am Ende
Der gleiche lachende Ernst, Jeremia.

Null Uhr null

Hoch über Stadt und Wohnturm schweigt
Das himmlische Gewölk mit seinen Farben.
Der Zug rollt über eine Brücke,
Und krachend fällt das Tor ins Schloß.

Was zeitlos ist, ergießt als Regen
Sich auf die Straßen, kleine Monde
Schwimmen im Rinnstein, in den Parks
Stöhnen schamlos Nachtigallen.

Ein Wort, aus müdem Munde fallend, bringt
Von nichts mehr Kunde, auf Caféterrassen
Lümmeln sich Nashörner oder sie grasen
Vorm Opernhaus in den Rabatten.

Ein Polizist regelt das Leben.
Aus den Gefängnissen die bleichen Zeugen
Treten ins Dunkel und zeigen stumm
Einem Vorübergehenden die Fesseln.

In einem Zimmer ein Aquarium, darin
Ein Fisch, der hin und her schwimmt, auf dem Bett
Liegt ein Pyjama, Frauenschuh
Zerfällt zu Staub, die Bücher

Beraten wortlos, und der Präsident
Schwingt eine Gummiglocke, sein Chauffeur
Reibt noch einmal den schwarzen Lack
Der Limousine blank.

Der Kavalkade eiln voraus
Blaulicht und Hornsignale, die Säure

Im Akkumulatorenwerk treibt Blasen, ein Hund
Verbellt in einem Dorf, das niemand kennt,

Den letzten Igel, der, zur Kugel eingerollt,
Auf bessre Zeiten wartet. Schon beginnt
Die Müllabfuhr, was übrig ist,
Auf eine Halde zu verbringen.

Das Gras verfilzt sich, von der Kläranlage
Schwappt eine Welle von Methan. Ein toter Fisch
Verbündet sich mit dem Fasan
Zu einem letzten Schrei.

Besuch

Der Freund ist gekommen,
Der mir berichtet
Vom Treffen der Dichter in R.,
Die inmitten der wie Pilze
Aus dem Boden schießenden Reaktoren
Über Hölderlin sprachen.

Botanischer Garten

Für Hans Marquardt

Kein geringes Ziel:
Durchs Klinikum, vorbei
An der Offizin Martin Andersen Nexö,
Am Heizhaus vorüber, wo
Von einem Transportband
Die Asche
Auf einen Hänger fällt.

Und dann
Die vier ernsten Herren,
Gründergestalten,
Nasenlos,
Verteilt um ein Rondell
Gegenüber der Krebsbaracke.

Endlich die Johannisallee überquert,
Um einzutreten
Zwischen Kübelpalmen
Ins Glashaus, tropisch beheizt,
Wo die Tropfen abperlen
Von exotischen Pflanzen,
Deren Namen
Mir gleichgültig sind.

Denn lieber sind mir allerdings
Die bescheidenen Freilandquartiere,
Nicht zu beschreiben im März,
Wenn die Frühblüher erwachen,
Gleich vorn neben dem Eingang,
Wo ein schamlos sich sonnendes Mädchen
So tut, als läs es in einem Buch.

Trotzdem:
Es bleibt zwischen Verzicht und Entsagung
Allsonntäglich noch dieser Gang
Durch den Bayrischen Bahnhof
Zum Botanischen Garten,
Wegen des schamlos sich sonnenden Mädchens oder
Der unscheinbaren,
Am Wegrand wachsenden
Salzflora Mitteleuropas.

Die Hose des alten Chinesen

Ich trage die Hose des alten Chinesen,
Die Hose des toten alten Chinesen,
Das baumwollne Stück,
Das Urbild der Hosen,
Die Hose des Kommunismus,
Die Hose, die gleich macht,
Die keiner Mode gehorcht,
Die nichts weiter sein will als Hose.

Anspruchslos
Liegt sie um mein Gebein,
Niemand beachtet sie,
Niemand deutet mit Fingern auf sie:
China ist weit.

Näher ist mir die Hose des toten alten Chinesen.
Ich trag sie, tagauf und tagab.
Und doch: Ihre Tage werden gezählt sein,
Die Tage der Hose des toten alten Chinesen.

Vielleicht werde ich sie noch an meinem Sterbetag tragen.
Möglicherweise wird man sie mir ausziehn,
Um sie zurück in den Koffer zu legen,
Den Koffer des toten alten Chinesen,
Der auf meinem Boden
Erwartet die ewige Hose des alten Chinesen.

Einer wird sagen:
Das ist die Hose des toten alten Chinesen,
Während ich schlafe, entkleidet
Der Hose, unsterblich wie China,
O Effi! –

Heute

Heute bin ich versöhnt mit mir. Das hat lange gedauert und wird nicht lange so bleiben. Ach, meine inneren Wölfe, wie sie japsen und hecheln, sie spüren den nahenden Winter und richten sich ein auf die lange dauernde endlose Jagd.

Ich lese Sarahs neue Gedichte, das tut mir gut: diese Welt, die sie sah, Treffpunkte, als wäre auch ich dort gewesen.

Hier ist alles beim alten geblieben: Weihnachtssterne auch in dieser Stadt, in der ich bin und nie sein werde, kein See, auf dem ich gleite, und fern von hier mein zerfallendes Haus.

Hier fang ich täglich von vorn an den Streit mit dem weißen Papier, den Ersatzteilverteilern, dem gewaltig sich blähenden Nichts.

Ostvorstadt

Ex oriente lux
Grüßen einander die Mieter Sophienstraße 9,
Wenn sie sich
Auf dem Weg zum Abort begegnen.

Altersheim und Psychiatrie
Gehören zur Szene.
Die Wände der Brauereien
Stützen einander: Was
Wäre der Leipziger Osten
Ohne sein Bier?

Das Gedächtnis
Hält eine Kirche im Nowgorodstil.
Es ist nicht weit
Von der Roten Mühle
Zur Entbindungsanstalt.

Gleich nebenan
Wird dir gegebenenfalls
Von der Orthopädie
Ein Kunstglied verpaßt.

Wenn es wo faul riecht,
Dann jedenfalls hier,
Wo du Morgenluft witterst,
Die herüberweht
Von den gespeicherten Büchern
Der Deutschen.

Gegen Abend ertrank ich in all dem Papier

Gegen Abend ertrank ich in all dem Papier
Wie ein Hecht in der Pfütze.
Echolos rollten die Worte, ich hörte
Das Keuchen der Lokomotive,
Denn es war Herbst: jeder Laut
Kam über den Acker und brach sich
Am alten Gemäuer. Das Kupfer des Mondes
Hing überm Kessel, und lautlos
Dröhnte die Schlacht. Es war
Wie am Abend des Laubhüttenfestes: im Winde
Raschelten Blätter, doch keine Gebete
Stiegen zum Himmel. Worum
Soll der Mensch auch noch bitten?
Von allen Mißverstandenen einer
Sank in die Knie, sein Blut
Trank die Erde. Mit lässiger Hand
Warf der versinkende Tag noch sein Netz
Über den Vogellaut in der Tiefe der Bühne,
Eine späte Musik, die letzte vielleicht,
Ein Posthorn, verspätet um ein ganzes Jahrhundert.
Die Szene war nicht bestimmbar.
Kein Ort, keine Zeit, ein stummes
Nicht deutbares Zeichen,
Das von Gerechtigkeit sprach, während der Tote
Hinwegschlief, vergessen
In einem Finale, das uns verstörte.
Hinter uns grinste
Ein Vers aus der blutigen alten Komödie.

Zwei Nachtstücke

1

Im Traum sitzen Freunde und Feinde an meinem Tisch. Sie reden von sich, und das eint sie. Sie sprechen und sind mit der Zukunft im Bunde, die aber kennt weder Freunde noch Feinde. Sie hat eine silberne Zunge und goldene Zähne. Sie kennt keinen Reim. Sie ist die Zukunft, die meinen Feinden und Freunden gehört. Wie der Rattenfänger von Hameln geht sie, und es folgen ihr Freunde und Feinde. Wenn ich wieder allein bin, sitzt mit mir die Zukunft am Tisch. Hinter vorgehaltener Hand sagt sie: Ich bin die Zukunft. Dann geht sie. Ausgeträumt, sag ich zu mir, und folg ihr ins Labyrinth meines unerforschbaren Hauses, um den Faden zu suchen.

2

Die Nacht läßt mir nachstelln. Mit Feuer und Schwert. Geharnischte Kerle mit schweren Geschützen stehen vor meiner Tür. Ich höre meiner vertrauten Sprache fremde Wörter: Gleich wird die Türe gesprengt, dann sind sie bei mir, durchwühlen mein Bett. Ich steh an der Wand mit erhobenen Händen. Einer tritt mir ins Gesäß. Von meiner Stirn rieselt Blut. Das sind sie, die nächtlichen Reiter. Im Nebel sind sie gekommen. Ich hab sie erwartet. Sie suchen nicht Blei, nicht Silber, nicht Gold. Sie kennen nur Ja und Nein. Als ausgemacht gilt: Wer nicht für sie ist, muß gegen sie sein. Doch was ich auch sage: sie werden mich ohnehin foltern. Sie können die Zeitung des Tages nicht lesen. Alles, was wächst, ist ihnen fremd. Sie können nur eines: verfolgen, aufbrechen, töten. Die Liebenden reißen sie auseinander wie altes Papier. Die meisten widersprechen ihnen schon lange nicht mehr. Man kann auskommen mit ihnen, sagen sie leise. Und gehen auf Zehenspitzen.

Bilanz

Die Abwesenheit von etwas,
Das anwesend ist.

Das nächtliche Rascheln
Von Fingern in meinen Papieren.

Das Codewort, das
Meine Biografie öffnen soll.

Der Drahtseilakt,
Den ich nicht sehn will.

Der Platz in der Zelle,
Der für mich reserviert ist.

Des Wahnsinns oder des Tods
Nackte Stirn.

Das Kind,
Das seinen Namen vergaß.

Die Flammen,
Die das Kind vergaßen.

Das Vergessen,
Das alles vergißt.

Kein Wort zuviel

Freunde,
Kein Wort zuviel
Ist in die Asche gesunken.

Kein Glas zuviel
Wurde getrunken.

Die schönen Geräte
Zerbrachen.

Blaues Dach,
Das die Rauchfahne schwenkt.

Anmerkungen

Frieden:
Was glänzt da im Walde – Zitat aus dem Lied »Lützows wilde Jagd«, Text von Theodor Körner (1791–1813), vertont von Carl Maria von Weber.

Später Nachmittag:
Bilzsches Naturheilverfahren – Eduard Bilz begründete ein um die Jahrhundertwende populäres Naturheilverfahren mit dem Wahlspruch »Wasser thut's freilich«.
Kröner – Karl Kröner (1887–1972), Maler der Lößnitzlandschaft, auch Verfasser des Essays »Die Lößnitz, Gestalt und Wirkung einer Landschaft«.

Hier:
Richterstraße – auf der Richterstraße 27 in Leipzig-Gohlis befand sich die Villa des Verlegerehepaares Katharina und Anton Kippenberg (1874–1950 bzw. 1876–1947).

Reichardts Garten:
Johann Friedrich Reichardt (1752–1814), königlicher Kapellmeister in Berlin, später Salinendirektor in Halle (Saale). Machte seinen Landsitz »Reichardts Garten« in Giebichenstein bei Halle zu einem der geistig-kulturellen Zentren seiner Zeit.
der klavierspielende Prinz – Prinz Louis Ferdinand, Prinz von Preußen, Freund R.s, geb. 1772, fiel am 10. Oktober 1806 bei Saalfeld.
Halle-Jerusalem – vgl. Ludwig Achim von Arnim (1781–1831) »Halle und Jerusalem«, Drama (1811).

Missingsch:
eigtl. die dem Meißnischen (Hochdeutschen) angenäherte plattdeutsche Mundart, hier im ursprl. Sinn als »meißnisch« verwendet.

Janovice:
Schloß und ehemalige Gutsherrschaft westlich von Prag. Vgl. »Karl Kraus: Briefe an Sidonie Nádherný von Borutin«, München 1977.

Sic transit gloria mundi:
(lat.) So vergeht der Ruhm der Welt.

De Sade:
Donatien Alphonse Francoise Marquis de Sade (1740–1814), franz. Schriftsteller, Verfasser pornographischer Schriften.
Zwölf Komma ein Meter nach dem neuen Maß – das Manuskript von de Sades Roman »Die 120 Tage von Sodom« (1775) wurde angeblich zu einem Band von 12,1 Meter Länge zusammengeklebt und als Rolle aus der Bastille geschmuggelt.

Schwarzwald:
Un i ha ke Hoffnig meh. Druf leg i mi nider. – Vers aus dem alemannischen Gedicht »Geisterbesuch auf dem Feldberg« von Johann Peter Hebel (1760–1826).

Kumwałd:
Jasnaja poljana – (russ.) helle Lichtung.
Wilhelm von Polenz – (1861–1903), Schriftsteller in Cunewalde (sorbisch: Kumwałd), Autor des Romans »Der Büttnerbauer« (1885).

Subway:
(engl.) Untergrundbahn, Unterführung.

Risotto à l'asiatica:
Cesław Miłosz – (geb. 1914), polnischer Lyriker, Nobelpreisträger.

In York:
Wimpy's – Restaurantkette.

Take it ...:
Take it easy – (engl.) Nimm es leicht.

Svea:
Engelbrecht – eigentl. Engelbrekt Engelbrektsson (um 1400–1436), schwedischer Bergmann und Führer des Aufstandes von 1434 gegen die dänische Fremdherrschaft. Wurde ermordet.
Systembolaget – staatliche schwedische Alkoholläden.

Nördlich:
Selmas Bronzefrisur – Selma Lagerlöf (1858–1940), schwedische

Dichterin, geboren im Värmland, wo sich vor dem Stadttheater in Karlstad ihr Denkmal befindet.

FF:
Das Gedicht ist Franz Fühmann (1922–1984) zum 60. Geburtstag gewidmet.

Leben E.s:
Adolf Endler (geb. 1930), Lyriker, Erzähler und Kritiker.

Lizenz-Nr. 444-300 / 38 / 87 · 7005
Printed in the German Democratic Republic
Einband und Typografie: Helmut Brade
Gesamtherstellung: IV / 10 / 5 Druckhaus Freiheit Halle
Best.-Nr. 639 336 4

00980